中国社会科学院
经济研究所
INSTITUTE OF ECONOMICS

经济所人文库

张培刚集

中国社会科学院经济研究所学术委员会 组编

中国社会科学出版社

图书在版编目（CIP）数据

张培刚集/中国社会科学院经济研究所学术委员会组编.
—北京：中国社会科学出版社，2020.10
（经济所人文库）
ISBN 978-7-5203-6205-4

Ⅰ.①张…　Ⅱ.①中…　Ⅲ.①经济学—文集　Ⅳ.①F0-53

中国版本图书馆 CIP 数据核字（2020）第 054445 号

出 版 人	赵剑英
责任编辑	王　曦
责任校对	李斯佳
责任印制	戴　宽

出　　版	中国社会科学出版社
社　　址	北京鼓楼西大街甲 158 号
邮　　编	100720
网　　址	http://www.csspw.cn
发 行 部	010-84083685
门 市 部	010-84029450
经　　销	新华书店及其他书店
印刷装订	北京君升印刷有限公司
版　　次	2020 年 10 月第 1 版
印　　次	2020 年 10 月第 1 次印刷
开　　本	710×1000　1/16
印　　张	13.5
字　　数	183 千字
定　　价	99.00 元

凡购买中国社会科学出版社图书，如有质量问题请与本社营销中心联系调换
电话：010-84083683
版权所有　侵权必究

中国社会科学院经济研究所
学术委员会

主　任　高培勇

委　员　（按姓氏笔画排序）
　　　　龙登高　朱　玲　刘树成　刘霞辉
　　　　杨春学　张　平　张晓晶　陈彦斌
　　　　赵学军　胡乐明　胡家勇　徐建生
　　　　高培勇　常　欣　裴长洪　魏　众

总　序

作为中国近代以来最早成立的国家级经济研究机构，中国社会科学院经济研究所的历史，至少可上溯至1929年于北平组建的社会调查所。1934年，社会调查所与中央研究院社会科学研究所合并，称社会科学研究所，所址分居南京、北平两地。1937年，随着抗战全面爆发，社会科学研究所辗转于广西桂林、四川李庄等地，抗战胜利后返回南京。1950年，社会科学研究所由中国科学院接收，更名为中国科学院社会研究所。1952年，所址迁往北京。1953年，更名为中国科学院经济研究所，简称"经济所"。1977年，作为中国社会科学院成立之初的14家研究单位之一，更名为中国社会科学院经济研究所，仍沿用"经济所"简称。

从1929年算起，迄今经济所已经走过了90年的风雨历程，先后跨越了中央研究院、中国科学院、中国社会科学院三个发展时期。经过90年的探索和实践，今天的经济所，已经发展成为以重大经济理论和现实问题为主攻方向、以"两学—两史"（理论经济学、应用经济学和经济史、经济思想史）为主要研究领域的综合性经济学研究机构。

90年来，我们一直最为看重并引为自豪的一点是，几代经济所人孜孜以求、薪火相传，在为国家经济建设和经济理论发展作出了杰出贡献的同时，也涌现出一大批富有重要影响力的著名学者。他们始终坚持为人民做学问的坚定立场，始终坚持求真务实、脚踏实地的优良学风，始终坚持慎独自励、言必有据的学术品格。他们是经济所人的突出代表，他们的学术成就和治学经验是经济所最宝贵的财富。

抚今怀昔，述往思来，在经济所迎来建所90周年之际，我们编选出版《经济所人文库》（以下简称《文库》），既是对历代经济所人的纪念和致敬，也是对当代经济所人的鞭策和勉励。

《文库》的编选，由中国社会科学院经济研究所学术委员会负总责，在多方征求意见、反复讨论的基础上，最终确定入选作者和编选方案。

《文库》第一辑凡40种，所选作者包括历史上的中央研究院院士，中华人民共和国成立后的中国科学院学部委员、中国社会科学院学部委员、中国社会科学院荣誉学部委员、历任经济所所长以及其他学界公认的学术泰斗和资深学者。

《文库》第二辑共25种，在延续第一辑入选条件的基础上，第二辑所选作者包括经济所学术泰斗和资深学者，中国社会科学院二级研究员，经济所学术委员会认定的学术带头人。

在坚持学术标准的前提下，同时考虑的是入选作者与经济所的关联。他们中的绝大部分，都在经济所度过了其学术生涯最重要的阶段。

《文库》所选文章，皆为入选作者最具代表性的论著。选文以论文为主，适当兼顾个人专著中的重要篇章。选文尽量侧重作者在经济所工作期间发表的学术成果，对于少数在中华人民共和国成立之前已成名的学者，以及调离经济所后又有大量论著发表的学者，选择范围适度放宽。为好中选优，每部文集控制在30万字以内。此外，考虑到编选体例的统一和阅读的便利，所选文章皆为中文著述，未收入以外文发表的作品。

《文库》每部文集的编选者，大部分为经济所各学科领域的中青年学者，其中很多都是作者的学生或再传弟子，也有部分系作者本人。这样的安排，有助于确保所选文章更准确地体现作者的理论贡献和学术观点。对编选者而言，这既是一次重温经济所所史、领略前辈学人风范的宝贵机会，也是激励自己踵武先贤、在学术研究道路上砥砺前行的强大动力。

《文库》选文涉及多个历史时期，时间跨度较大，因而立意、观点、视野等难免具有时代烙印和历史局限性。以现在的眼光来看，某些文章的理论观点或许已经过时，研究范式和研究方法或许已经陈旧，但为尊重作者、尊重历史起见，选入《文库》时仍保持原貌而未加改动。

《文库》的编选工作还将继续。随着时间的推移，我们还会将更多经济所人的优秀成果呈现给读者。

尽管我们为《文库》的编选付出了巨大努力，但由于时间紧迫，工作量浩繁，加之编选者个人的学术旨趣、偏好各不相同，《文库》在选文取舍上难免存在不妥之处，敬祈读者见谅。

入选《文库》的作者，有不少都曾出版过个人文集、选集甚至全集，这为我们此次编选提供了重要的选文来源和参考资料。《文库》能够顺利出版，离不开中国社会科学出版社领导和编辑人员的鼎力襄助。在此一并致谢！

一部经济所史，就是一部经济所人以自己的研究成果报效祖国和人民的历史，也是一部中国经济学人和中国经济学成长与发展历史的缩影。《文库》标示着经济所90年来曾经达到的学术高度。站在巨人的肩膀上，才能看得更远，走得更稳。借此机会，希望每一位经济所人在感受经济所90年荣光的同时，将《文库》作为继续前行的新起点和铺路石，为新时代的中国经济建设和中国经济学发展作出新的更大的贡献！

是为序。

于2019年5月

编者说明

《经济所人文库》所选文章时间跨度较大，其间，由于我国的语言文字发展变化较大，致使不同历史时期作者发表的文章，在语言文字规范方面存在较大差异。为了尽可能地保持作者个人的语言习惯、尊重历史，因此有必要声明以下几点编辑原则：

一、除对明显的错别字加以改正外，异形字、通假字等尽量保持原貌。

二、引文与原文不完全相符者，保持作者引文原貌。

三、原文引用的参考文献版本、年份等不详者，除能够明确考证的版本、年份予以补全外，其他文献保持原貌。

四、对外文译名与今译名不同者，保持原文用法。

五、对原文中数据可能有误的，除明显的错误且能够考证或重新计算者予以改正外，一律保持原貌。

六、对个别文字因原书刊印刷原因，无法辨认者，以方围号□表示。

作者小传

张培刚，男，1913年7月生于湖北省黄安县（今红安县），1934年进入中央研究院社会科学研究所（经济所前身）工作。

1929年张培刚考入武汉大学文科预科，1930年进入武汉大学经济系学习。1934年，张培刚毕业于武汉大学，到中央研究院社会科学研究所工作。1941年张培刚考取清华大学留美公费生，并分别于1943年、1945年获得哈佛大学硕士、博士学位。

1945年，张培刚接受武汉大学校长周鲠生的邀请回国任教，由于交通阻塞未能成行。1946年初，在赴美考察的孙公度的邀请下，张培刚临时担任了国民政府资源委员会经济专门委员，与担任该会经济顾问的库兹涅茨（Simon S. Kuznets）一起从事国民收入和农业机械化问题的研究工作。1946年8月，张培刚回国担任武汉大学经济系教授兼系主任。1948年，为了搜集东南亚国家经济情况的资料，张培刚应聘担任联合国亚洲及远东经济委员会顾问兼研究员。1949年，张培刚辞去了联合国亚洲及远东经济委员会的职务，再次回到武汉大学担任武汉大学经济系教授兼系主任，后被任命为武汉大学教务委员会常委、总务长、代理法学院院长。1951年秋至1952年夏，张培刚调到北京中央马列学院学习。1952年底，在全国高等学校院系调整过程中，张培刚调到华中工学院（后改名为华中理工大学，现华中科技大学）参与建校工作。1978年，张培刚被借调到中国社会科学院经济研究所参加《政治经济学辞典》的编撰工作，负责主编其中的"外国经济思想史"部分。

1979年秋，张培刚到华中工学院担任社会科学部主任。1981年，华中工学院为张培刚专门成立了经济研究所，张培刚先后担任经济研究所所长、经管学院名誉院长、经济发展研究中心主任、经济学院名誉院长等职。1998年，张培刚以85岁高龄领衔，华中理工大学西方经济学专业获准博士学位授予权，他才得以正式成为博士生导师。他曾兼任中央研究院社会科学研究所研究员（1947年）、中国社会科学院经济研究所研究员、湖北省社会科学院及上海社会科学院特约研究员、武汉大学及西南财经大学教授、中华外国经济学说研究会名誉会长、中美经济合作学术委员会中方主席等职务。为了推动中国发展经济学的研究与传播，1994年成立了"张培刚发展经济学研究基金会"，2004年设立了"张培刚发展经济学研究优秀成果奖"，2018年设立"张培刚发展经济学青年学者奖"。

在中央研究院社会科学研究所工作期间，张培刚先后出版《清苑的农家经济》《广西粮食问题》《浙江食粮之运销》（与张之毅合著）等著作，同时发表了40余篇学术论文。1945年，张培刚获得哈佛大学博士学位。1947年，张培刚的博士论文《农业与工业化》（Agriculture and Industrialization）作为"经济学上极有贡献之著作"被授予"威尔士奖"（David A. Wells Prize），时评云"东方人士在哈佛大学获得此项奖金为第一次"，并选入《哈佛经济研究丛书》（The Harvard Economic Studies）第85卷。1949年《农业与工业化》由哈佛大学出版社出版，1951年该书被译成西班牙文出版，1969年在美国再版，1984年中文版出版。改革开放后，张培刚通过著述和讲学介绍西方经济学和发展经济学。1980年，张培刚与厉以宁合著《宏观经济学和微观经济学》，1986年再度合著《微观宏观经济学的产生与发展》。20世纪90年代之后，张培刚先后出版了《新发展经济学》《微观经济学的产生与发展》《二十一世纪中国粮食经济》等著作，并发表了大量具有重要影响的论文。除了学术成就外，张培刚还培养了一批学界、政界和实业界的优秀人才。

2011年11月，张培刚在武汉逝世，享年98岁。

目 录

第三条路走得通吗？	1
冀北察东三十三县农村概况调查	6
近年来的灾荒	50
一年来农村金融的调剂工作	54
民国二十三年的中国农业经济	65
民国二十四年的中国农业经济	83
民国二十五年的中国农业经济	98
中国农村经济的回顾与前瞻	120
我国农民生活程度的低落	132
通货膨胀下的农业和农民	143
《农业与工业化》的来龙去脉	151
农业国工业化理论概述	182
编选者手记	198

第三条路走得通吗？

关于中国的经济建设，在《独立评论》第 131 期曾有贺岳僧先生论到两条路：一条是主张复兴农村，一条是主张开发工业。最近在同一杂志第 137 期，又有郑林庄先生提出了第三条路，即主张以开办农村工业为中国经济的出路。笔者本文不在论述前两条路，也不在论述中国经济建设前途究竟应走哪条路，而只是对于郑先生主张的第三条路，观察一下，看看是否走得通。

郑先生觉得"我们不易立刻从一个相传了几千年的农业经济阶段跳入一崭新的工业经济的阶段里去"，因之主张"在由农业社会进入工业社会的期间，应该有个过渡的时期来作引渡的工作"。这个过渡时期里的引渡工作，便是农村工业，即在农村里面办起工业来，以作都市工业发展的基础，而达到建立工业经济的目的。原文作者所以如此主张，是由于今日中国在经济发展上所处的客观的环境之需要。以上是郑先生文中之大意。

我们承认中国经济建设，应走上工业化的路径，同时也承认由农业社会的阶段不能一蹴而达到工业社会的阶段。但是农村工业是否能作为二者间的一架桥梁，在目前的中国，究竟能否使国民经济的基础树立起来，我们却有几点意见。兹先就郑先生所举诸点，检讨一下，再就个人的意见，论述一番。

第一，郑先生认为，发展都市工业的第一个先决条件，是国民经济的自主。中国因受帝国主义经济压迫，致都市工业不能发达，工业的经济不能产生出来，但是工业的经济又为最后的目标，为达此目的，虽不能用建立大规模的都市工业这种方法，却可走培植小规模的农村工业这条路径，理由是因为农村工业分散，多少可易于免除帝国主义的束缚。我们现在要问：在帝国主义经济侵略之下，农村工业果能免去束缚和压迫而树立起来吗？无疑的，假使我们认为在帝国主义经济侵略之下，都市工业不容易建立，农村工业也就同样的难以培植。这道理说来很简单。如果我们把全国国民经济看作整个的一圈，则农村与都市同样要受到外来经济压力的影响，在农村举办工业，和在都市建立工业，对于受帝国主义经济压迫这一点，是无甚区别的。我们既不能实行关门主义，帝国主义的货物倾销，仍可以伸展到农村来。以肉体和机器相竞争，结果只有失败。不看许多乡村里，一般农人宁可购买洋布，也不穿用乡村工业出产的土布吗？许多县里（如高阳、潍县）比较有点根基的小工业，尚且不堪压迫而日趋衰落，还谈什么呢？[①]试如原文作者所说，农村工业是分散的，但经济的压力如水银泻地，无孔不入；说农村工业易免去飞机的轰炸则可，说能免去帝国主义经济的束缚与压迫，就未免太不认清事实了。所以我们觉得，在帝国主义经济的压力不能免除之时，发展都市工业固然不容易，建立农村工业也是一样的困难。则工业经济之不能借之以达到，自无庸深论。

第二，郑先生以为都市工业发展的第二个条件是要有"一片可做工业化必然产生的过剩生产的销售之尾闾的土地"。但是在目前，因为国际市场已为先进工业国分割殆尽，后起的国家，几无插足余地，所以都市工业的发展，变为不可能。至于农村工业是为达到自给自足的状态的，而不是想向外夺取市场的，因之可用作达到工业经济的引渡办法。我们现在姑将都市工业的发展是否必需以夺取国外市场为目的这一点，置诸不论，我们要问：农村工业果能达到自供自给的状态吗？大家都知道，中国的农业经营，一向认为是自供自给的，可是现在怎样？因为洋米、洋麦、洋棉竞争的结果，致农产品价格惨跌；若遇荒歉之年，则农民将受量、值两方面减缩的损

---

① 王子建：《农业与工业》，天津《益世报·农村周刊》第41期。

失,每年输入粮食与棉花的数值,殊足惊人。我们闭眼一想,农村工业的前途也必然呈显此种现象。那就是说:因为洋货倾销,不但使农村工业不能做自供自给,且其本身亦将因此种竞争而不免衰亡。要知道现在的国际情形,已不容许我们关门来做任何一件事了。

第三,郑先生又觉得要发展都市工业,必要有一群真实的科学家和有科学意识的民众。中国现在还未做到这一点,所以都市工业的发展还谈不上。至于农村工业是不需要根本"改造",而只需要就现状"改良"的,因之在目前可因陋就简用以作为走上工业经济的过渡办法。这种用意,固然出于不得已,但是我们却不敢赞同。中国的一切,无庸讳言,都较欧美先进国家落后。因为学术上发展的路线不同,使得中国到现在还没有一群真实的科学家;又因为教育之不普及,使得中国没有具备科学意识的民众。可是我们却不可因噎废食。一方面真实的科学家和有科学意识的民众要设法造就,他方面都市的工业也是要发展的。因为任何事件或现象,其中的因子多半是互为因果的,不能划分得太剀切,何况是经济社会的演进呢?我们看欧美工业的发达和科学的发明,都是互为因果、与日俱进的,所以我们不一定要把二者划做两个显然的阶段。即令退一步言,在现状之下,因科学人才缺乏,不能建立都市工业,但我们要问:农村工业就不要真实的科学家吗?就不要有科学意识的民众吗?我们看看我国的农业,为何因技术落后不能与国外竞争而日趋衰落呢?可见农村工业也不能在现状之下,因陋就简地培植起来。更退一步言,即令一时勉强可做到这一着,可是世界争夺剧烈,不等你起来就打倒了你,这又令人怎办?

由上所述,我们知道即就今日中国在经济上的发展所处的客观环境来说,农村工业实不见得可以成功。则原文作者把它当为救亡图存的方针,固然评价过高,同时又把它看作解决失业和无业问题的方法,也未免不实际了。

但是,对于提倡农村工业,我们并不反对,尽管它成功的可能性很小。我们只是觉得:中国经济建设前途,是走不通农村工业这条路的，换言之，农村工业这条路，不能达到都市工业的发展，因而不能达到工业经济的建立。其理由除上述者外，还有以下诸点。

1. 就国际形势说，不容许我们如此。我们知道经济内部组织的变更，和生产方法的改进，都具有国际性；这是因为国际经济关系日趋密切，尽管各国现在都有自足经济的企图。20世纪的现代，不但是机器代替人工，从而一切经济组织也日益标准化与合理化。在这个时候去提倡农村工业，想以肉体和机器竞争，不说在理论上近乎开倒车，事实上也终归失败，何况中国又有许多不利的客观环境呢？因之，我们想要迎头赶上人家，就非顺着大势，增加演进的速度不可。我们虽不能马上像苏联那样，5年之内便把全国工业化了，但是我们要学着那样做，要把全国经济统制起来，走上工业化的大路。

2. 就农村工业本身说，也不能达到引发都市工业的目的。都市工业的发展，照郑先生的意见，必须具备三个条件，这在上面已分别答复了，但是，即令承认这三个条件是发展大规模的都市工业所必须具备的，然农村工业树立之后，这三个条件是否就都可继而具备了呢？第一，在帝国主义经济的压力未除之时，一个自主的国民经济能够成立吗？第二，在世界市场争夺愈演愈剧的趋势中，我们何日才能得到一片销售过剩生产品之尾闾的土地呢？第三，一群真实的科学家和有科学意识的民众，果然就因农村工业之引发而产生了吗？假使这几个条件，不能因农村工业之树立而具备，而仍待国人作他种努力时，则农村工业已失去它引发都市工业的重要性了，从而当作达到工业经济的引渡办法这种资格，也就自然丧失了。

3. 就经济演进的自然趋势说，不应开倒车。我们看看世界先进国家，不论其经济制度是资本主义抑或是社会主义，而由农业经济达于工业经济，乃是一般的趋势。即令以农立国的国家，它们的农业也工业化了。因为工业化一语，含义甚广，我们要做到工业化，不但要建设工业化的城市，同时也要建设工业化的农村。总之，产业革命的结果，是使得机器代替了人工，是使得工厂制度代替了手工业制度，是使得工厂生产代替了家庭生产，工业化是一种必然趋势。在这个时候，提倡农村工业，尤其是把农村工业当作走上工业经济的过渡方法，自然是倒行逆施。因为这样做，不但农村不能走上工业化之路，工业本身反而会回到产业革命以前的那种工业制度去。都市工业的发展和工业经济的建立，除非是从天上掉下来，否则仍旧不能达到。

最后，我们归结：把农村工业当为中国经济建设的路径，不但在理论上近乎开倒车，在事实上也是行不通的；退一步言，即令其本身树立了，也不能引发都市工业，从而不能蜕化出工业经济来。因此我们可以说：对于中国的经济建设，农村工业这条路是走不通的。

（原载《独立评论》1935年第138期）

冀北察东三十三县农村概况调查

一、前言

二、人口

三、土地

四、农作物

五、自耕农、佃农、自兼佃农

六、雇农工资

七、借贷利率

八、兵差

九、结论

附表

一 前言

民国二十二年春，热河事起，战事沿长城而波及冀察各属，当地人命财产之损失殊大。迨5月《塘沽停战协定》成立，战区民众，惊痛始息，唯因战时之摧毁搜括，痛苦不堪言状。时农村复兴委员会特向行政院建议，仿民国二十年皖赣农赈成例，在战区举办农赈，旋经院议通过。6月，行政院明令组织华北战区救济委员会；7月，该会成立，议决分设急赈、农赈、财政三组。农赈组成立后，积极从事工作，且认为欲图救济有效，须先明了农村实况，以是有此次调查之举行。

此次调查开始于民国二十二年10月，至二十三年5月完成，历时凡8个月。负责主持人为该会农赈组，调查人员共四五十人。

调查范围限于两省所谓"战区"的各县，起自普通所称的滦东区域，止于察绥两省交界之处。总计河北省 24 县 2887 村，察哈尔省 9 县 820 村。至于各县所调查的村数，则多寡不同，皆以受战事影响的轻重而定。① 兹将调查县份及村数列如第一表。

第一表　　两省调查的县份及村数②

省县别	村数	省县别	村数
河北省	2887*	三河	50
遵化	303	宝坻	83
迁安	338	顺义	68
密云	250	昌平	61
蓟县	164	香河	34
平谷	41	兴隆	8
滦县	227	安次	6
昌黎	78		
卢龙	150	察哈尔省	820*
抚宁	225	宣化	141
临榆	109	怀来	54
武清	100	延庆	127
丰润	188	沽源	110
怀柔	59	赤城	154
通县	139	龙关	59
宁河	99	商都	52
乐亭	49	涿鹿	8
玉田	58	张北	115

注：*此后之统计表，有时删去数字发生疑难之村庄，故其村庄总数不必与此总数相合。

调查方法，系将调查员分为十数组，由每组赴各村庄访问，将

---

① 此处略去区域图。——编者注
② 为保持著者行文原貌，文中涉及的表格样式、数据除有考证外均不修改。下同。（编者注）

询问的结果，填入该会农赈组所制之表格内。被询问的人，有农夫、村长、小学教员、牧师等。一切询问，务以得到诚实坦白的报告为目标，以备进行农赈的参考，故所得结果，尚属可信。

调查表格自去冬开始计算。计自表格计算至编述此文为止，费时共5个月。调查题目本拟定为《战区农村概况调查》，但因战区二字，含义不明，所以改称为《冀北察东三十三县农村概况调查》。原调查目的在知各地农村的大概情形，以便举办农赈，故调查项目极少，各项内容亦极简单。且如各村的集市、交通以及驻军情形等项，常残缺不全，故本文不予采入。此次调查，虽疏漏之处在所不免，但在关于农村各种情况的统计数字极感缺乏的今日，确可以表示一部分农村的大略情形。这可以说是有价值的。

本文数字计算工作，系出自陈显祚先生之手，绘图则赖陈善勋先生之帮助，特此一并致谢。同时文中许多问题，因就商于韩德章先生，致能获得圆满的解决，作者深为感谢。至于华北战区救济委员会，及今之华北农业合作事业委员会二机关，慷慨地给予此种极珍贵的材料，我们也应致深切的谢忱。

二 人口

每村户数与人口数的多寡，不仅可以看出村落的大小，还可以看出家庭的大小。

（一）每村户数

先就河北省说，总计24县的村数为2740村，户数为282274户，总平均每村户数为103户。有的县份，平均每村户数较此为大，如顺义（121户）、平谷（122户）、怀柔（127户）、乐亭（130户）、昌平（146户）、昌黎（151户）。有的县份，平均每村户数则较小，如遵化、香河、蓟县、玉田诸县，各仅在80—85户（附表一）。察哈尔省9县的村数为811村，户数为62903户，总平均每村户数为78户。大者如宣化县，为101户；小者如沽源县，仅60户（附表一）。

就所调查的区域说，河北省村庄的户数大于察哈尔省平均约20%。

上面是就两省各县的平均数而言，如果把每村户数按村作成次数表，则情形将更了然。

第二表　　　　　　　两省33县每村户数　　　　单位：户，%

组别 （每村户数）	河北省		察哈尔省	
	村数	百分率	村数	百分率
50以下	614	22	281	35
50—99	1123	41	343	42
100—149	522	19	117	14
150—199	221	8	42	5
200—249	97	4	12	2
250—299	69	3	7	1
300—349	39	1	6	1
350—399	16	1	1	*
400及以上	39	1	2	*
总计	2740	100	811	100

注：（1）＊不足百分之一。（2）表中数据经过四舍五入处理。下同。（编者注）

由第二表知两省33县每村户数都集中在50户到99户之间。但在察哈尔省9县，50户以下的村庄，占三分之一以上，比在河北省24县者为多。而在河北省24县，200户及以上的村庄，占十分之一，比在察哈尔省9县者稍多。大体说来，两省村庄户数相似，不过在察哈尔省50户数以下的村庄偏多而已。

（二）**每村人口数**

观第三表可见两省每村人口情形大体相近，均集中于100—499户。但在察哈尔省9县，100—299户之百分数特高，占39%，在河北省只有25%。又在河北省24县，则500户及以上者占46%，在察哈尔省则只有27%。大体上，我们可以说，河北省每村的人口数，都比察哈尔省为大，因之可以推定河北省的村庄一般都较察哈尔省为大，这与上面的观察是一致的。

第三表　　　　　　　　两省33县每村人口　　　　　单位：户，%

组别 （每村户数）	河北省		察哈尔省	
	村数	百分率	村数	百分率
100以下	41	1	37	5
100—299	648	24	315	39
300—499	781	29	235	29
500—699	506	18	109	13
700—899	307	11	65	8
900—1099	140	5	17	2
1100—1299	100	4	17	2
1300—1499	51	2	3	*
1500及以上	166	6	13	2
总计	2740	100	811	100

注：＊不足百分之一。

（三）每户人口数（家庭之大小）

河北省24县，总计户数为282274户，人数为1673038人，总平均每家人口为5.9。大者如香河县为8.0人，小者如宝坻县为4.9人。察哈尔省9县，总计户数为62903户，人数为346111人，总平均每家人口为5.5。大者为涿鹿县之7.3人，小者为沽源县之4.9人（均见附表一）。就两省来比较，河北省的家庭人数是大于察哈尔省的。兹将本调查数字与历来已有者比较于第四表：

第四表　　　　　　　　家庭之大小

区域	调查人	每家人口
河北省		
北部24县	（本调查）	5.9
北平郊外	李景汉	
挂甲屯		41

续表

区域	调查人	每家人口
其他3村		6.0
2.5万户农家	董时进	5.4
察哈尔省东部9县	（本调查）	5.5
华北数省平均	J. L. Buck	5.8

三 土地

（一）耕地面积与全村面积

全村面积包括耕地面积及其以外为村庄所占之面积，如山陵、池沼，亦包括在内。河北省24县2740村的全村总面积，为5054406亩，耕地总面积为3984831亩，后者占前者79%。有的县份，如兴隆、武清、平谷诸县，耕地面积占全村面积90%以上；有的县份，如丰润、密云诸县则尚不到70%。察哈尔省9县811村的全村总面积为2698362亩，耕地总面积为2141163亩，后者占前者之百分率为79%，此与河北省相同。百分率大者有涿鹿、宣化诸县，达90%以上；小者有商都、沽源、赤城诸县，在60%—80%（各县数字见附表二）。

一个村庄耕地或非耕地在全村面积中所占的百分数，可以显示它的土地利用的程度。如耕地面积占全村面积之百分比高。或非耕地面积占全村面积之百分比低，则土地利用的程度高，反之则土地利用的程度低。此次调查时，对于每县之村庄虽未全行调查，但仅用所调查各村之耕地在全村面积所占之百分数，似乎也可以大略地表示各县的土地利用情形。

土地利用程度低，则未耕地多，而耕地的土质亦较劣，因之其所用以表示土质优劣及供需情状的地价必低，反之则地价高。这引证本章末节所述察哈尔省9县的土地价格低于河北省24县的程度极大，而河北省复以宝坻县地价最低，察哈尔省以商都县地价最低之诸事实，便知二者间具有一种合理的因果关系。

（二）耕地的分配

由耕地的分配，表示人口与土地的比例。假定一个区域的土地在农民中是平均分配的，则由耕地与人口数中，可以推知那个区域的土地是否足以养活现存的人口。兹按平均每户及平均每人田亩数分别观察。

1. 平均每户所有田亩　平均每户所有田亩的数额，各地方不同。在耕地较多而农户较少的地方，平均每户所能分得的农地面积自较大。

河北省24县总平均每户所有农地为14.12亩。各县彼此的差异极大。低者如昌黎县为9.93亩、迁安县为9.09亩、乐亭县为6.56亩，高者如玉田县为24.35亩、兴隆县为24.53亩、宝坻县为26.34亩、武清县为28.98亩（见附表二）。其中最低的是乐亭县，最高的则为宝坻、武清两县。

察哈尔省9县的总平均每户所有农地为34.04亩。这较之河北省24县，大过1倍以上。各县中，可以划分为两类：一类是平均每户所有田亩特大的县份，如商都、张北、沽源三县，都在50亩以上；一类是通常情状的县份，即除上述三县以外的各县，均在20亩到35亩之间（见附表二）。

2. 平均每人所有田亩　河北省24县平均每人所有田亩为2.38亩，察哈尔省9县则为6.19亩。两省33县数字的差异，与前述平均每户所有田亩数的差异，是同一情形。不过，因为察哈尔省9县平均每户人数较河北省24县小的缘故（察哈尔省9县平均每户为5.5人，河北省24县为5.9人）。所以察哈尔省9县平均每人所有的田亩数比河北省24县的更高些。两省各县平均每人所有田亩数均见附表二。

我们现在将以上所述每户田亩数与其他调查结果相较，借作一番观察。我们可以引用的资料有民国二十年国府主计处所作河北、察哈尔两省的调查，及民国十九年北平大学农学院董时进所作河北省25000户农家之调查。兹表列如下：

第五表　　　　　　　　每户及每人所有田亩

区域	每户田亩	每人田亩
河北省		
24 省（本调查）	14.1	2.4
全省（国府主计处）	24	
2.5 万户（董时进）	26.7	4.7
察哈尔省		
9 县（本调查）	30	6.2
全省（国府主计处）	54	

据第五表，国府主计处及董时进所调查之平均每户及每人田亩数相近似，而皆比此次所得的结果为高。这有两个解释，一个是三种调查之中至少有一方面是错误的。一个是在这三四年之中，土地分配上已渐渐发生了变化，这个变化便是耕地减少或人口增加或两者俱有。在这里，我们可参考农村复兴委员会在河南、陕西两省所作的调查①。河南、陕西两省的情形，与河北、察哈尔两省虽不必尽相同，但调查的结果与此次调查的结果则极相近，而陕西民国十八年与二十二年每户与每人田亩数的变迁，似乎可以说明此次调查与上段所引两调查的差异。我们不敢说冀察两省确有耕田减少或人口增加的趋势，但农村复兴委员会在陕西省的调查，如果真确，却暗示我们只可以作如此之解释，即耕田减少或耕田未减少而人口增加。耕田减少在现在土地利用之程度下，似乎不可能，那么唯一的解释便是耕地不变而人口增加了。以上不过是假定一切调查资料尽属可靠，指示一种可能的解释。至于事实果否如此，还有待于实地的考察。

3. 耕地与人口　两省耕地的分配，换言之，耕地与人口的比例，已如上述。现在要问，平均每人所有耕地是否足以维持生活呢？我们暂不讨论土地分配现状是否公平的问题，我们只看一看平均每人所有的耕地是否可以满足他的需要。据 T. H. Middleton 的研究，欧美

---

① 见农村复兴委员会《河南省农村调查》及《陕西省农村调查》。

诸国每人所需要的耕地自1.3英亩（acres）到2.5英亩，折合中国亩约8亩半到20亩，就我们上述两省33县每人的农地分配额河北省2.4亩、察哈尔省6.2亩而言，相差极巨，不足以维持生活显然可见。即令根据国府主计处民国二十一年的调查数字，河北省每人所有农地4亩、察哈尔省10亩，但仍不及远甚。虽然欧美生活程度较高，但我国农民是如何与天然挣扎，总可从此点推得①。

（三）土地价格

1. 总平均地价　河北省24县的总平均每亩地价是23.97元。各县个别的平均每亩地价，高者有达30元以上者，如抚宁县30.75元、临榆县32.36元、玉田县37.07元；低者有在10元以下者，如宝坻县6.66元；他如安次县、宁河县、蓟县等，都不到20元。察哈尔省9县的总平均每亩地价为5.75元，约言之6元，比较河北省是低得很多的。各县中最高的如延庆县，也不过11.01元，还不及河北省平均价格的一半。至于最低者，如商都县竟只有0.67元，此种低下的地价，诚属罕见。由本节第一段所述察哈尔省9县之土地利用程度较河北省24县为低，同时平均每户及每人所有的耕地面积亦较后者为大，知其地价之低于后者，固为必然的结果。至于河北24县中宝坻县地价最低，察哈尔9县中商都县最低，其故亦同。

2. 分等平均地价　上文系根据各种地价之总平均结果而言，现按其等级，就各等之平均价格分别述之。河北省24县的土地价格，系依土地分为上中下三等而有不同。上等地的总平均价格为34.97元，高者如香河、卢龙、乐亭、抚宁、临榆诸县，都在40元到50元之间，玉田县竟达51.91元。低者如安次、宁河、兴隆、密云诸县，均在20元到30元之间，宝坻县且低至11.38元，尚不及后所述下等地的总平均价格。中等地的总平均价格为23.41元，这与前述全省的总平均每亩价格相当。高者如抚宁、临榆、乐亭诸县均为30余元，玉田县达36.78元。低者如安次、蓟县、丰润、宁河、兴隆

---

① Percy Roxby曾估计我国北部各省每人需要耕地4.7英亩，合华亩约26亩，据此则耕地不足之数尤巨。唯此数字似觉过高，故不能援用。

诸县，均在 15 元到 20 元之间，甚者如宝坻县，仅 6.08 元。下等地的总平均价格为 13.54 元。高者如通县为 20.90 元、玉田县为 22.51 元，低者如安次、宁河两县，将近 10 元，丰润县为 6.77 元，宝坻县为 2.51 元。可知 24 县中以玉田县地价最高，宝坻县地价最低。

察哈尔省 9 县的土地价格，亦分为上中下三等。上等地总平均每亩价格 8.87 元，高者如延庆县 16.06 元，低者如沽源、商都二县，均不到 2 元。中等地总平均价格为 5.52 元，与前述各等土地之总平均价格相若，高者为延庆县，为 10.89 元，低者为沽源、商都二县，在 1.00 元上下。下等土地总平均价格为 2.85 元，最高者亦为延庆县之 6.08 元，低者亦为沽源、商都二县之 0.30 元到 0.60 元。合各县观之，以延庆县各等土地价格最高，商都县最低。

以察哈尔省与河北省相较，前者上等地之价格犹不及后者下等地价格之大，二者差异悬殊，而察哈尔省地价之低，尤足惊人。

3. 最高与最低地价　总平均地价及分等个别地价，均如上述，现更述两省的最高与最低地价。因为地价随土地的等级分为三种，所以我们欲总括地指出最高与最低地价，仅须择上等地的最高地价当作一般的最高地价，及择下等地最低地价当作一般的最低地价。现在从两省各县各村中找出了下述诸数字。

河北省 24 县的高地价，总括而言，每亩为 77 元，其中复以丰润县最高，为 200 元，这与上面所述的情形则不一致，盖最高地价高的县份，不必是总平均地价高的县份，因为最高或最低地价乃一种特异的现象，只能表示一地方地价竟高到或低到某种程度，从而可知其个中的差异，而不能以之衡诸一般的情形。他方面河北省 24 县的最低地价，总括而言，为每亩 4 元，低者有武清、丰润、宁河、宝坻诸县，均低至 1 元。其中最堪注意的，即丰润县，既为最高地价中之最高者，又为最低地价中之最低者，一地方地价差异之大，由此可见。

察哈尔省 9 县，一般地说，最高地价为每亩 29 元，中复以宣化县最高为 60 元。可见即使在地价最贱之察哈尔省，亦有高至 60 元者。9 县中，最低地价为每亩 1 元，中如商都、张北二县竟低至

0.10元，地价之低下，殊属少见。

兹为得一明白的概念起见，特将两省33县的总平均地价、分等地价、最高与最低地价，作表列下，以资比较。至于各县的个别情形，则请参阅附表三。

第六表　　　　　　　　两省33县各种地价　　　　　　单位：元

省别	总平均地价	各等平均地价			最高与最低地价	
		上等	中等	下等	上等	下等
河北省	24.0	35.0	23.4	13.5	77.0	4.0
察哈尔省	5.8	8.9	5.5	2.9	29.0	1.0

注：表中数据经四舍五入处理（编者注）。

为要明白两省33县最普遍的地价，特借用次数表的方法。这因为平均数往往受高低两极端数字的影响，致难与实际情形相合。如丰润县总平均地价为20.74元，但如作成次数表，则其地价多为10元左右，盖其集中于此附近一二组之故。所以按村所作的次数表，是更能与实际情形相合的。

第七表　　　　　　　　两者3县中等地地价[①]

组别（元）	河北省		察哈尔省	
	村数	百分率	村数	百分率
5以下	71	2	414	51
5—9.9	137	5	236	29
10—14.9	208	7	92	11
15—19.9	345	12	43	5
20—24.9	760	27	20	3
25—29.9	367	13	2	*
30—34.9	594	21	5	1
35—39.9	106	4	1	*

① 本表仅用中等地价，借以表示一般的情形。

续表

组别 （元）	河北省 村数	河北省 百分率	察哈尔省 村数	察哈尔省 百分率
40—44.9	179	6	3	*
45—49.9	18	*	—	—
50 及以上	77	3	—	—
总计	2862	100	816	100

注：*不足百分之一。

由第七表知河北省24县2862村中，每亩地价多在15元到35元之间，其中最普遍者为20元到25元，计占27%，这与总平均地价23.97元完全相合。5元以下和50元及以上均甚鲜，至100元以上则更少①。察哈尔省9县的一般地价多在5元左右，占全体的51%，这与前述总平均地价5.75元亦相一致。5元到10元者亦很多，占29%，至于20元以上者少见，45元以上者则无有。由此更可表现察哈尔省地价低于河北省的程度。

近两三年来，农村崩溃的趋势日剧，农民离村的人数日多，致土地的需要大减，土地价格亦大落。兹将本调查数字与民国二十一年国府主计处的调查报告②比较于第八表，以示其跌落的程度。

第八表　　　　近3年来每亩平均地价之变迁

	本调查（二十三年）	国府主计处调查*（二十一年）
河北省	24.0元	25.8元
察哈尔省	5.8元	11.4元

注：*国府主计处调查报告，原分水田与旱田二种地价，河北水田普通价格为55.8元，察哈尔省为43.3元。本表所援用者，仅为旱田价格一项，水田价格则全予略去。盖华北及东北区，例以旱田为主，水田既少见，于农耕上自不占重要位置。

此两种数字，虽非同一主持人用同一方法在同一地域所调查，

---

① 据原调查表，中等地价100元者只有1村。
② 《统计月报》，民国二十一年11、12月合刊。

但3年来地价的跌落趋势，仍不难由此窥出。两省中以察哈尔省跌落最剧，3年跌落了一半以上。

四 农作物

此次农作物的调查，仅按各种农作物位置的重要性排列先后，至于实际的产量则未予调查。但由各种农作物所占前几位县数的多寡，亦可以看出两省33县主要农作物为哪几种，间接地可以推知农作物的分配情形。

（一）农作物的位次

华北为我国产杂粮区域，所以河北省的农作物，亦以杂粮为主。根据第九表，知河北24县的农作物有高粱、玉米、小米、豆类、小麦、棉花、花生、黑豆诸种。就各种农作物所居第一位的县数来说，河北省24县中以高粱最为重要，占18县；玉米次之，占3县；小米又次之，占2县；豆类再次之，占1县。一般地说，高粱占第一位的多，小米占第二位的多，玉米、豆类则占第三位的多，与上述次序稍有不同。不过，高粱之为河北24县主要农作物，当无疑义。兹取前三位列为第九表。

第九表　　　　　河北省24县主要农作物位次

类别	第一位	第二位	第三位	总计
高粱	18	3	2	23
玉米	3	6	7	16
小米	2	8	6	16
豆类	1	1	7	9
小麦	—	5	—	5
棉花	—	1	—	1
花生	—	—	1	1
黑豆	—	—	1	1

注：以县数计。

根据立法院的农作物统计①，河北农作物的位次，就产量言，小米第一，小麦第二，高粱第三，玉米第四。就曲直生氏所作河北省民众食料的统计②，其次序为（1）小米；（2）高粱；（3）玉米，（4）小麦。两调查所得结果，均与我们的略有出入，这当然是由于调查区域的不同。但是我们可以总括地说，高粱、玉米、小米三种是河北省的主要农作物。

察哈尔省也属于杂粮区域。从第十表知察哈尔省9县的农作物有小米、莜麦、高粱、豆类、小麦、荞麦、山药、黍子、黑豆、胡麻诸种。就各农作物在第一所占的县数而言，察哈尔省9县农作物的次序为：（1）小米；（2）莜麦；（3）高粱；（4）豆类。一般地说，小米、莜麦多占第一位，高粱、豆类多占第二位，第三位则多为小麦、黍子等。第十表表示小米在察哈尔省9县农作物中所占的地位之优势。

第十表　　　　　察哈尔省9县主要农作物位次

类别	第一位	第二位	第三位	总计
小米	4	2	—	6
莜麦	3	—	—	3
高粱	1	2	1	4
豆类	1	2	2	5
小麦	—	1	2	3
荞麦	—	1	—	1
山药	—	1	—	1
黍子	—	—	2	2
黑豆	—	—	1	1
胡麻	—	—	1	1

注：以县数计。

据前引立法院的统计，察哈尔省各种农作物的位次，就产量来

---

① 《统计月报》农业专号，民国二十一年1、2月合刊。
② 曲直生：《华北民众食料的一个初步研究》，第三章。

说以小米居第一，莜麦次之，高粱又次之，小麦居第四。曲直生氏所作华北民众食料的调查，察哈尔省民众食料的位次为：（1）小米；（2）莜麦；（3）高粱与黄米。这两个调查的结果，与我们完全一致。所以我们可以说，察哈尔省的农作物以小米、莜麦、高粱三项居主要地位，其中又以小米与莜麦最为重要。

就上文所述，可知两省33县的农作物以小米、高粱占据主要，其他各种农作物则居辅助地位。小麦在河北省较在察哈尔省为重要，但比起全体农作物来，地位仍居第四或第五。虽然此次调查，未能包括两省所有的县份，但是两省都是产杂粮的区域则系事实。

（二）农作物的分布

冀察两省33县的主要农作物及其位次已如上述，其中占第一位的，大致可当作该区的代表农作物，由此种代表农作物我们不妨将两省所调查的各县划为数区。一方面以表示农作物在各县的分布情形，他方面更可以就地理上观察农作物所以如此分布的原因。

按33县第一位农作物的分布分为5区，即高粱区、小米区、莜麦区、玉米区、豆类区。我们是以第一位农作物作为该县农作物的代表。不过有二点应该声明的：第一，这所谓某农作物区决不是说某种农作物在该县就占绝对的优势，这不过说某种农作物在这一县中占相当优势罢了。第二，有若干县份①我们虽然假定它是某种农作物区，但因为第一位与第二位的百分数相差无几，而我们的调查村数又绝不足以代表全县所有的村数，所以我们虽然把它归为某一农作物区，但事实上或许别一种农作物（第二位的）反而更占优势，这也是事实所难免的。

整个的说来，河北省24县几全属于高粱区，所占地域最大，次之为小米。察哈尔省9县，则大半属于小米区与莜麦区，高粱区与豆类区则占次要地位，又因为莜麦区诸县包括地面甚广，虽为数仅有3县，但其所占地域则并不小于河北省高粱区的18县。

---

① 如河北省之迁安、平谷、卢龙、临榆、武清、怀柔、通县、顺义、昌平、香河、兴隆、安次；察哈尔省之宣化、怀来、延庆、龙关等县。

农作物的分布，决定于当地的土壤、地势与气候。河北省有18县属于高粱区，这是因为该18县乃河北省的大平原，甚适宜于种植高粱。兴隆和临榆两县之所以属于小米区，这只要我们把华北地图打开一看，便知道这两县都在长城以北，该区多为山地，山地是只适宜于小米，而不适宜于高粱的，所以小米区与高粱区，便因长城而显为区划出来了。与此两县相邻的都山县，虽未调查，依理测之，大概也属于小米区。

西南三县，属于玉米区，这一带本为河北的平原，种玉米、高粱、小米均可，其所以以玉米为主，或许是由于种植与食料的习惯所致。附近有10余县都以玉米为主[①]，构成河北省的玉米区。

比较特殊的，是构成豆类区的昌平县。按豆类的种植，并不占河北省农作物的主要地位，类皆为玉米或高粱的辅助作物，即与玉米或高粱混种。其所以得此结果，或许是调查时，豆类特别丰收，致将豆类当作农作物的第一位，查该县第二位是玉米，所以我们把它划为玉米区是较为合理的办法。

察哈尔省9县显然也以长城为界，形成莜麦与小米两大区域。莜麦区所占地域最大，位于关外，与华北的莜麦区相衔接，并构成莜麦区的最东部。大凡种莜麦之地，土壤必劣，地势必高，以致不能种植他种作物，同时气候严寒，亦不适宜于他种作物的生长。察哈尔省莜麦区各县地处关外，恰好具备这种条件，至于长城内则因气候较关外为佳，故属于小米区。延庆县之所以以高粱为主，是由于接近河北的高粱区，其自然条件很适宜于种植高粱的缘故。宣化县又构成豆类区，但如上所云，豆类仅为辅助作物，根据处置昌平县同一的理由，我们把它划为小米区。

五 自耕农、佃农、自兼佃农

自耕农、佃农和自兼佃农是田权分配的一部分，但它不是田权

---

① 曲直生：《华北民众食料的一个初步研究》，第三章。

分配的全体。因为仅有此种分类是仍不足以表示农民之真正经济地位的，一个耕种 5 亩地的自耕农比之一个租种 50 亩地的佃农，实际上还要贫穷得多。我们由自耕农、佃农、自兼佃农的分析中，至多只能看出该地以何种农户占据多数，至于土地的分配状态，则必须有农户所有田地面积的分析。一般地说，我国南部的租佃制度较北部为发达，即南部以佃农的成分居多，北部以自耕农为多。我们这次所得的材料，亦证实了这点，兹分述于下。

河北省 24 县的农户，自耕农占 52%，佃农占 18%，自兼佃农占 30%。各县中，自耕农最普遍者为三河县，占全体农户的 92%，次如香河县，占 87%，安次县 79%，平谷县 75%。佃农最多的如临榆县，占全体农户 36%，宁河县次之，占 34%。该二县的自耕农，前者占 32%，后者占 24%。自耕农与佃农的增减，恰好是互为消长，所以由自耕农的多寡也可看出租佃制度的是否普及。读者参看附表四。

如以这个调查与民国二十二年中央农业实验所所作河北省农民分类调查[1]来比较，结果是很相接近的。据他们的调查，河北省各县，自耕农占全体农户的 68%，佃农占 13%，自兼佃农占 19%，这也表明自耕农最多，自兼佃农次之，佃农最少。李景汉氏于民国十七年所作定县 790 农家之农民分类调查[2]，自耕农占 71%，半自耕农占 28%，佃农占 1%，亦表示同一的趋势。

察哈尔省 9 县的情形，与河北省略有不同。根据历来之调查，察哈尔的自耕农，不及河北之多，而佃农则较后者为普遍。这次调查亦证实了这层，察哈尔省 9 县平均之结果自耕农占全体 48%，佃农占 27%，自兼佃农占 25%。由此可知自兼佃农所占的百分比与河北省相近，而自耕农所占的百分比则较后者为小，佃农则较后者为大。在河北省的次序为（1）自耕农；（2）自兼佃农；（3）佃农。察哈尔省则为（1）自耕农；（2）佃农；（3）自兼佃农。至各县的

---

[1] 载《农情报告》，第一年第八期。
[2] 李景汉：《定县社会概况调查》，第 629 页。

详细情形，请参看附表四。

民国二十二年中央农业实验所所作察哈尔省调查①，与本调查大相径庭。据他们的调查，自耕农占全体农户32%，佃农占42%，自兼佃农占26%，除自兼佃农百分数与我们相若外，至自耕农与佃农的位次，则与我们完全相反。惟证诸张心一氏的估计②，亦以自耕农占据首位，故中央农业实验所调查的结果，不免令我们怀疑。但因察哈尔省实地调查资料之贫乏，究以何者为可靠，姑留待将来之证明。

各级农民的消长，可以表示土地关系的变化。据年来政府或私人各种零碎的调查资料，都在证明自耕农之逐渐减少与佃农之逐渐增加。这种趋势表示丧失土地的农民之增多与地权的日形集中，同时也表示农业生产的商业化。我们虽然只有一年的资料，但也不妨与他种资料相参证，以为比较。兹将民国十九年张心一氏所作各省农民种类之百分比的估计③与我们的调查数字比较如第十一表。

第十一表	冀察两省各种农民之消长		单位：%
	自耕农	佃农	自兼佃农
河北省			
民国十九年	66	13	21
民国二十三年	52	18	30
察哈尔省			
民国十九年	55	27	18
民国二十三年	48	27	25

从第十一表知自耕农在两省都是逐渐减少，佃农在察哈尔虽未增加，而河北省则增加率颇大。至于自兼佃农则两省都表示极大的增加程度。自耕农的减少，与自兼佃农的增多，同样表明农民经济

---

① 载《农情报告》，第一年第八期。
② 载《统计月报》，二卷六期。
③ 载《统计月报》，二卷六期。

的演变，最初是由自耕农沦落为自兼佃农，继后是由自兼佃农沦落为纯佃农，这种趋势是与全国各地的情形相一致的。

六 雇农工资

雇农工资普遍系依工作时期之长短，分为长工与短工二种。长工通常以年计算，间虽有半年者，但为例甚少。短工通常以日计算，以月计算者间或有之，但亦不普遍。冀察两省之长工及短工之工资情形，兹分述如下。

（一）长工每年工资

通常工资① 河北省24县总平均长工每年通常工资为32.34元。各县工资高低颇不一致，但一般都在20元到50元之间，高者如宝坻县45.79元、丰润县44.97元，低者如平谷县22.44元，相差几达1倍以上。察哈尔省9县的总平均长工每年通常工资为24.05元，这较之河北省低下约达三分之一。察哈尔省工资最高如沽源县32.99元，最低如涿鹿县19.13元。读者请参看附表五。

仅从平均数字来看雇农工资的高低，仍不能明了事实的真相。所以我们再予以进一步的分析。下表是两省33县长工每年工资的分组次数表。

第十二表　　　　　两省33县长工每年工资

组别 （元）	河北省 村数	河北省 百分率	察哈尔省 村数	察哈尔省 百分率
10以下	—	—	2	*
10—19.9	74	3	166	21
20—29.9	826	30	388	48
30—39.9	1245	45	200	25

---

① 通常工资乃指该地通行之工资，为原调查项目所载。据计算结果，该项通常工资与最高最低工资之中数相差无几，故沿用之。

续表

组别（元）	河北省 村数	河北省 百分率	察哈尔省 村数	察哈尔省 百分率
40—49.9	436	16	36	5
50 及以上	210	8	11	1
总计	2791	100	803	100

注：* 不足百分之一。

从第十二表知道河北省24县的长工每年工资多在30—39.9元这一组，计占全体45%，20—29.9元占30%，40—49.9元占16%，至20元以下的只占3%，50元及以上的亦仅占8%。察哈尔省9县则多在20—29.9元这一组，计占全体48%，20元以下的占21%，30—39.9元占25%，40元及以上的只占6%。总括而言，河北省24县的长工每年工资多在20元到50元之间，察哈尔省9县则在10元到40元之间。20元以下的察哈尔省较河北省为多，40元以上的河北省较察哈尔省为多。因之我们可以说河北省24县的长工每年工资高于察哈尔省9县约为10元。

据《中国经济年鉴》所载，实业部民国二十二年所作河北省51县的雇农工资的调查，长工工资总平均为43.28元，高于我们的数字约20%。这大概可以两种理由来解释，第一是调查的时期不同，第二是调查的范围不一致。但就一般趋势观察，则如宝坻、武清、丰润三县，据实业部调查，其中宝坻县平均每年长工工资为78.50元，乃各县中之最高者；丰润县57.14元，属于较高的一类；武清县45元，略在总平均数之上。我们的调查亦以宝坻与丰润二县最高，武清县与平均数极相近，则知二者调查的绝对数字虽不同，而各县高低的趋势，则大致相似。

最高与最低工资　上述为两省33县的平均工资，至于最高与最低的工资，则河北省24县之最高工资平均为45.90元，最低工资平均为20.46元。各县中，又以丰润、宝坻二县最高，各为66.96元与60.61元，平谷县最低，为14.15元。这当然不是说丰润县与平谷县的一般工资相差有如此之巨，因为前者乃指最高工资的平均数而言，后者乃指最低工资的平均数而言，但在一省之内，最高与最低长工工资差额竟达5倍以上，是不能不令我们注意的。至就察哈尔省9县言，最高工资平均为33.17元，最低工资平均为16.57元。各县中，复以沽源县最高，为44.46元，涿鹿、怀来二县最低，均为14元。察冀两省最低一县的长工工资，虽然差不多相同，即均为14元左右，但各县之最高工资，则察哈尔省较河北省要低得多，这是很为显然的。各县详细情形，参看附表五。

（二）短工每日工资

短工工资的计算，虽有以全月或半月作标准者，但通常多以日计算。短工工资常因农闲与农忙需要的缓急而大不相同。农忙时之工资，几有高于平时1倍者。此次调查，对此二项，未予区别，实一缺憾。惟表内亦分最高、最低与通常三项，依常理测之，最高当为农忙时节，最低当为农闲时节，通常则为平时之工价，兹分述之。

通常工资　河北省24县短工每日工资平均为0.23元，此与实业部民国二十二年所作河北省51县雇农短工工资调查之总平均数0.26元极为相近。各县中，以丰润县最高，为0.35元，次为宁河县0.34元，最低为平谷县0.14元。此种情形与上述长工工资高低趋势相同，盖长工工资高的县份，其短工工资亦必高，同样，前者低的县份，后者亦必低。察哈尔省9县平均每日工资0.16元，亦较河北省约低三分之一。各县中，最高者如沽源县0.21元，最低者则如涿鹿县0.13元（参看附表六）。这与该省长工工资高低的情势也相一致。

我们再来分析两省短工每日工资的分配状态。如第十三表所示，很显然的河北省24县短工每日工资多集中在0.20—0.249元及0.25—0.349元的二组，前者占41%，后者占35%，至于10.20元以下的仅占16%，0.35元及以上的已甚少见，中虽有高到0.80元的①，但合共不过8%。察哈尔省9县短工每日工资多集中在0.15—

---

① 据原调查表所载。

0.199元及0.20—0.249元的二组，前者计占43%，后者占26%，在0.15元以下的占22%，至0.25—0.399元的仅占9%，至于0.40元及以上的则简直没有。从这里也可以看出河北省的工资一般是比察哈尔省为高的。

第十三表　　　　　　两省33县短工每日工资

组别 （元）	河北省		察哈尔省	
	村数	百分率	村数	百分率
0.10以下	4	*	25	3
0.10—0.149	107	4	154	19
0.15—0.199	343	12	344	43
0.20—0.249	1158	41	212	26
0.25—0.299	393	14	40	5
0.30—0.349	594	21	32	4
0.35—0.399	72	3	2	*
0.40及以上	181	5	—	—
总计	2852	100	809	100

注：*为不足百分之一。

最高与最低工资　河北省24县最高短工每日工价，平均为0.35元，最低平均为0.16元。若就各县个别观察，最高如丰润、宁河二县为0.51元与0.50元，最低县份如平谷为0.08元。各县中最高与最低之差额竟达6倍以上。察哈尔省9县每日工资最高平均为0.25元，最低为0.10元，亦较河北省远为低下。各县中，最高者如沽源为0.37元，最低者如涿鹿、怀来与延庆三县，均为0.09元，相差亦达4倍有奇，简言之，察哈尔省短工工资在0.09元到0.37元之间，高低程度，尚不及河北省之甚。这看附表六两省各县最高最低数字，便可明了。但无论就短工或长工而论，冀察两省的工资都过于低下，却是一无可讳言的事实。

（三）近年来雇农工资的增减趋势

这次调查因为没有包括历年来的工价，所以增减的趋势是无法测知的。但由其他的资料中，我们也不妨来作一个比较。国府统计局在民国二十一年曾作各省农工长工工资的调查①。据该调查，河北省长工每年工资为43.89元，以之与我们的调查32.34元相较，近年来长工工资跌落的趋势是很明显的。跌落的程度约为26%，这虽然因调查范围之不同，不必一定准确，但证以最近李景汉氏所作定县经济的调查②，该县长工每年普通工资，民国二十年为40元，二十二年为31元，3年之间，降低约22.5%③，这与我们的结果，刚好很能接近，故知跌落的趋势当是确实的。至于短工工资，据国府统计局二十一年的调查④，河北省农忙时短工工资为0.41元，我们的调查如以最高工资代表农忙时节，则得0.35元，二年之间，跌落约15%，跌落程度虽不如长工工资之剧烈，亦表示近年来工资下降的趋势。据李景汉上述之同一调查，定县短工工资民国二十年为0.41元，二十三年为0.13元，共跌落68%，降低的趋势似较此为尤剧。察哈尔省工资的变迁，我们因为没有前几年可资比较的资料，故不赘述。

近数年来，雇农工资之所以呈跌落趋势的原因，约不外：（1）农产品价格惨跌，致农业经营无利可图，同时捐税负担甚重，地租与利率极高，致中小农民多放弃土地。此由前述地价跌落之趋势可知，地价跌落不但表示农业的衰落，同时表示对于雇农需要的减少，因而使雇农工资降低。（2）农民失业人数增加。近年来农业经营既无利可图，遂致中小农民被迫放弃土地，由于自耕农之减少及佃农贫农人数之增加，一方面表现为农民失业人数之增加，另一方面表现为农民离村人数之日多。失业人数增加，自然会使工资更加跌落，这又是不待言喻的。总之，雇农工资与地价之关系至为密切，中国农业的衰落，不仅使地价低跌，而且使农村工资降下，这已经成了

---

① 载《统计月报》，民国二十二年，9、10月合刊。
② 《定县经济调查》一部分报告书，第96页（河北省县政建设研究院印行）。
③ 编者注：原文为26%。
④ 载《统计月报》，民国二十二年，9、10月合刊。

有目共睹的事实。

七　借贷利率

借贷利率的高低，指示金融供需两方面的情形：一方面表示农民金融的枯竭程度，另一方面亦可测知一地农村经济的一般状况。我们所得以利用的材料中，计有最高、最低、通常三项利率的调查。"通常"乃一般通行之利率，不必是"最高"与"最低"两者相加总和之平均，但据我们的计算，两者倒亦相差不远。兹按原调查表所载，将利率分为通常与最高、最低两项统计之如下（参看附表七）：

1. 通常利率　河北省24县的通常借贷利率，总平均为月利二分四厘。各县中，平均数高者为三河、兴隆二县，各为二分八厘；低者为昌黎、乐亭二县，均为一分九厘。察哈尔省9县通常借贷利率，总平均为二分六厘，其中平均数高者为沽源之三分之一厘，低者为宣化县之二分二厘。一般而论，察哈尔省9县较河北省24县为高，这不仅看通常利率之总平均可知，且由最高最低两项利率中亦可证示出来。

2. 最高与最低利率　河北省24县的最高利率平均为月利三分，最低平均为一分八厘。若就个别观察，各县中最高者为三河县之三分七厘，最低者为乐亭县之一分二厘。这与上述该省通常利率所得的结果是一致的。察哈尔省9县中最高利率平均为月利三分五厘，最低平均为二分。各县中以沽源县最高，四分九厘，延庆县最低，为一分六厘。这也证明了高利贷最通行的地方，通常利率也一定高的，反之，通常利率较低的县份，高利贷亦难得存在。

由上述最高与最低利率的考察中，我们知道：第一，两省的农村金融，甚为枯竭。盖二者的最低利率，均在二分左右。即就各县个别而论，最低者亦达一分二厘。至于最高利率，则多在三分以上，二分八厘已不多见。各县中且有达四五分者（如沽源县）。第二，察哈尔省利率之高，尤甚于河北，如察哈尔省9县中，最高者为四分九厘，这在河北省24县之平均数中是没有的。察哈尔省的最低平均数为二分，而在河北省，则仅为一分八厘。由此可知察哈尔省9县农村金融之枯竭，较河北省24县更为紧迫。

现在我们再进一步来分析两省究以何种利率最为普遍。第十四表就是表示这种情形的。

第十四表　　　　两省33县通常借贷利率　　　　单位：个，%

组别	河北省 村数	河北省 百分率	察哈尔省 村数	察哈尔省 百分率
一分以下	1	*	—	—
一分——一分四厘	16	1	1	*
一分五厘——一分九厘	187	6	37	5
二分——二分四厘	820	29	218	27
二分五厘——二分九厘	1372	48	297	37
三分——三分四厘	406	14	192	24
三分五厘——三分九厘	16	1	15	2
四分——四分四厘	17	1	36	4
四分五厘——四分九厘	—	—	—	—
五分及以上	—	—	7	1
总计	2835	100	803	100

注：*为不足百分之一。

从第十四表知道河北省24县的借贷利率，都集中于月利二分五厘到三分这一组，占48%，其次二分到二分五厘的也很普遍，占29%。最高的不过四分五厘，最低的则在一分以下，但所占百分率太小，显然无足轻重。察哈尔省9县的借贷利率，亦以月利二分五厘以上、三分以下的为最多，次为二分到二分五厘与三分到三分五厘。最高的在五分以上者占1%，最低的为一分到一分五厘，但因其所占百分率过小，仅占千分之一，故我们可以说最低的亦在一分五厘以上。由两省的比较中，可以看出：

1. 河北省24县的借贷利率，在三分以上的，合共只占16%，而察哈尔省9县在三分以上的则占31%，几与其最多一组二分五厘到三分者相当，高出河北省 1 倍以上。

2. 三分以下的借贷利率，在河北省 24 县中占 84%，在察哈尔省 9 县则仅占 69%。

3. 就最低利率而言，河北省在一分以下的虽属罕见，但尚可以找出 1 个村庄来，至于察哈尔省，不但在一分以下的无有，一分到一分五厘的也只有一个村庄。

4. 就最高利率而言，四分到四分五厘的，河北省 24 县只占 1%，而在察哈尔省 9 县中则占 4%，四分五厘以上的在河北省 24 县中找不出，而察哈尔省 9 县中，五分以上的竟达 1%，可见察哈尔省借贷利率的偏高了。

民国二十三年 11 月，中央农业实验所公布的《各省农村金融调查》[①]，其中河北省和察哈尔省的借贷利率（年利率）如下：

第十五表　　　　　　两省借贷利率　　　　　　单位：%

组别	河北省	察哈尔省
一分—二分	6.6	12.5
二分—三分	46.7	62.5
三分—四分	43.8	12.5
四分—五分	2.5	—
五分以上	0.4	12.5

据第十五表，河北省的借贷利率分布于二分到四分之间，察哈尔省则分布于二分到三分间，似乎察哈尔省反较河北省为低。但是如果细加分析，则知上表所表示的情形仍与本调查不相矛盾。因为一方面虽然察哈尔省利率集中于二分到三分一组，河北省集中于二分到三分、三分到四分两组，但如果把四分以下的各组合而观之，则知一分到四分的借贷利率，河北省占 97.1%，察哈尔省只占 87.5%；另一方面，年利五分以上的，在河北省只占 0.4%，在察哈尔省则占 12.5%。所

---

① 载《农情报告》，第二年第十一期。

以中央农业实验所的调查是并不足以反证察哈尔省利率之较河北省为低的。不过，这里我们要注意的是，本调查仅限于察哈尔省 9 县及河北省 24 县，而中央农业实验所的调查包括的是两省全体各县，同时我们的调查是月利，他们是指年利而言的，但两个调查表同样地证示察冀两省利率之高，却是完全相一致的。

八　兵差

兵差是借用军事名义的一种临时的派征，乃农民于正赋之外的一种额外负担。我国农民正税的负担，本已不轻，而兵差的负担，尤为苛重。这是人所周知的。本次调查的范围，原属战区，兵差负担之重，当在意中。

（一）兵差总额及其形式

总计河北省 24 县 2740 村的兵差总数为 12238027 元，按 2740 村来分担，每村在 4400 元以上。其中摊派兵差最多的要算抚宁县、滦县、丰润县，不但总额各在百万元以上（见附表八），即就每户、每人、每亩的负担额而言，亦较他县为重。兵差的征取，就所调查的县数与村数计算，竟在千万元以上，约占民国二十一年河北省全省地丁（约 600 万元）1 倍之多。但我们的调查还不能代表全省及已调查县数的全县，否则兵差数额之大，必更惊人。

察哈尔省 9 县的兵差总额为 3912943 元，以 9 县 811 村来分担，每村在 4800 元以上，似乎比河北省还要重。但因村有大小不同，所以亦不能相提并论。各县中，最重的要算赤城、沽源两县，总额与每户、每人及每亩负担额（见附表八）均较他县为高，至若将察哈尔省 9 县的兵差总额，与全省地丁 43 万元相较，则知前者超过后者 9 倍。这种征课，所给予农民的痛苦，无待我人深论。

兵差的形式，原为实物与力役，但随着货币经济的发达，货币形式的兵差，亦渐发生。然在经济落后的中国，兵差似乎还是以实物为主，货币为辅，这由下面所述便知。

河北省24县合计实物兵差与货币兵差之比例为277∶100，察哈尔省9县合计实物兵差与货币兵差之比为347∶100，可见实物仍居兵差形式的主要地位。实物兵差远较货币兵差为多的事实，固然表示两地经济情形的落后，但因征取的对象，既多为实物，则知中小农民直接所受的痛苦尤深。

（二）每户与每人负担

村有大小不同，以每村的负担额来表示兵差与农民生活的关系，自难得其要领。为此我们不得不以每户与每人的负担额来说明。虽然农户的经济状况因户而异，个人的经济能力因人不同，但负担的重轻，则不难窥出。

1. 每户负担　河北省24县每户负担额，平均为44.61元，各县中以抚宁县最高，为135.06元，次为丰润、临榆、玉田、滦县、宝坻诸县，在50元与80元之间，最低者为平谷县，为7.70元。察哈尔省9县平均每户负担为62.47元，超过河北省约为五分之一。各县中以赤城、沽源二县最高，各为148.73元及132.40元，最低者为怀来、涿鹿二县，均为12元有奇（见附表八）。

若就两省平均每户负担兵差数额，作成次数表，则情形更为明了。

第十六表　　　　　两省33县每户负担兵差数

组别 （元）	河北省		察哈尔省	
	县数	百分率	县数	百分率
10以下	1	4	—	—
10—19.9	3	13	2	22
20—29.9	8	33	3	34
30—49.9	6	25	1	11
50—99.9	5	21	1	11
100及以上	1	4	2	22
总计	24	100	9	100

由第十六表知河北省24县各县的每户负担额，多是20—49.9元，

察哈尔省 9 县则多为 10—29.9 元。令我们注意的是，察哈尔省 9 县中竟有 2 县每户负担额在百元以上，察哈尔省兵差较河北省尤重，于此亦得以证明。

2. 每人负担　据第二节所述，河北省每户的平均人口数为 5.9 人，察哈尔省为 5.5 人，所以明了每户负担情形之后，每人的负担情形，也就不难计算而得。据我们计算的结果，河北省 24 县的平均每人负担额为 7.52 元，各县中仍以抚宁县最高，为 23.17 元，平谷县最低，1.46 元。这与前述每户负担的情形完全一致。察哈尔省 9 县平均每人负担额为 11.35 元，各县以赤城、沽源二县为高，计均在 26 元以上，涿鹿县最低，为 1.74 元（见附表八）。一般言之，察哈尔省 9 县每人平均负担额超过河北省者三分之一，较之每户平均负担额所重于后者的程度尤过之，这是因为察哈尔省 9 县每户平均人口数较河北省略低的缘故（参阅附表一）。兹将每人负担额，按组列表于第十七表。

第十七表　　　　　两省 33 县每人负担兵差数

组别（元）	河北省 县数	河北省 百分率	察哈尔省 县数	察哈尔省 百分率
5 以下	12	50	4	45
5—9.9	7	29	2	22
10—19.9	4	17	1	11
20 及以上	1	4	2	22
总计	24	100	9	10

依按组分配情形而言，各县平均每人负担额，多在 5 元左右。与上述平均每户负担情形一样。察哈尔省 9 县中，有将近四分之一的县，其每人平均负担额在 20 元以上。兵差负担额如此苛重，这是不能不令我们注意的了。

（三）**每亩负担**

每亩负担的轻重，可以表示兵差及于农业经营上的影响。因为有了每亩的兵差负担，就可用之以与每亩的农耕收入比较，看看前者所占后者的比例如何。兹先述每亩兵差负担的实际情形。

河北省24县总平均每亩负担为3.17元，各县中高者为抚宁县，为11.95元，低者为平谷、兴隆二县，各为0.52元及0.64元。察哈尔省9县总平均每亩负担为1.84元，各县中高者为赤城县之5.46元，低者为商都县之0.53元（见附表八）。这里我们可以看出，察哈尔省9县每亩兵差负担较河北省24县为低。前述每户与每人负担，察哈尔省本较河北省为高，今以每亩计算反远低于后者，这是因为察哈尔省9县每户与每人所能分配的土地面积，远较河北省为大（参看前述耕地的分配），但因每亩的生产力，察哈尔省较河北省为低，所以这并不足以反证察哈尔省的农家负担较河北省为轻。

其次由每亩负担的按县分组情形，可以明了大多数的县份，其每亩负担究为多少。

第十八表　　　　　　两省33县每亩负担兵差数

组别 （元）	河北省		察哈尔省	
	县数	百分率	县数	百分率
1以下	2	8	4	44
1—2.9	15	63	4	45
3—4.9	5	21	—	—
5及以上	2	8	1	11
总计	24	100	9	100

据第十八表河北省24县，大多数县份兵差的每亩负担在1—2.9元，察哈尔省9县的大多数县份则在1元以下及1—2.9元。

现在进而研究兵差占每亩农地经营总收入的比例。这里我们先得知道每亩经营总收入的数额。不幸这项材料，我们的调查表中付之阙如，现在我们只能参证他种资料，以作一个约略的估计。这种估计，当然是不能正确的，但它却不失其为参考上的价值。

据 J. L. Buck 氏所作河北盐山县 150 个农家调查的结果①，每作物亩（rop hectare）每年之进款为 4.81 元。由每农场耕种面积（普通亩）22.8 亩与作物亩 34.9 亩之比例折算，知每农场耕种面积每年之进款为 7.36 元。以此数与上述河北省 24 县平均每亩兵差负担相较，后者竟居前者之一半，察哈尔省则占四分之一，但因盐山县为河北省最贫瘠之县，或不足以代表华北的一般情形。我们再看韩德章氏在河北省深泽县所做的农场经营调查②，据韩氏的调查，深泽县每作物亩每年收入，黎元村为 11.657 元，南营村为 10.411 元，以复种指数折成每亩（耕种面积）每年收入，黎元村为 12.74 元，南营村为 11.67 元。这比盐山县的经营收入是高多了，但以之与每亩所负担兵差额相较，仍觉后者所占比例甚大。我们要知道我国农家每亩总收入中还要纳租，还要完粮，还要除去人工、种子、农具种种开支，还要负担种种的苛捐杂税，而兵差不过是额外的一种损失，乃所占百分比已如此之巨，农村生产之日渐凋敝，于此又不难察知了。

九 结论

现在将前面分析各点，撮要复述于下③：

（一）人口

每村的户数，冀北 24 县平均为 103 户，察东 9 县平均为 78 户。每村人口数，冀北多为 300—500 人，察东多为 100—300 人。每户人口数，冀北平均为 5.9 人，察东为 5.5 人。

（二）土地

耕地面积占全村面积之百分比，冀北、察东同为 79%。平均每户所有田亩，冀北为 14.12 亩，察东为 34.04 亩。平均每人所有田亩，冀北为 2.38 亩，察东为 6.19 亩，耕地与人口之比例察东较冀

---

① J. L. Buck：《河北盐山县一百五十农家之经济及社会的调查》，第二章。
② 韩德章：《河北省深泽县农场经营调查》，本志五卷二期。
③ 涉及数据经四舍五入处理，原文如此。——编者注

北为大。土地价格，冀北总平均为 24 元，上等地 35 元，中等地 23.4 元，下等地 13.5 元；察东总平均为 5.8 元，上等地 8.9 元，中等地 5.5 元，下等地 2.9 元。最高地价，冀北为 200 元，察东为 60 元。最低地价，冀北为 1 元，察东为 0.1 元。

（三）农作物

冀北农作物主要有高粱、玉米、小米、豆类、小麦、棉花、花生、黑豆等，其中高粱居第一位，玉米第二，小米第三。就分布言，冀北属于高粱区的范围最广，计 18 县，属于玉米、小米区者次之。察东农作物，主要有小米、莜麦、高粱、豆类、小麦、荞麦、山药、黍子、黑豆、胡麻等，其中小米居第一位，莜麦第二，高粱第三。就分布而言，察东属于小米区及莜麦区的范围最广，属于高粱区者次之。

（四）自耕农、佃农、自兼佃农

冀北自耕农占 52%，佃农占 18%，自兼佃农占 30%；察东自耕农占 48%，佃农占 27%，自兼佃农占 25%。各农所占成分多寡的次序，冀北为：（1）自耕农；（2）自兼佃农；（3）佃农。察东为：（1）自耕农；（2）佃农；（3）自兼佃农。

（五）雇农工资

（1）长工每年工资，冀北通常工资为 32 元，最高工资 67 元，最低工资 14 元；察东通常工资为 24 元，最高工资 44 元，最低工资 14 元。（2）短工每日工资，冀北通常工资为 0.23 元，最高工资 0.51 元，最低工资 0.08 元；察东通常工资为 0.16 元，最高工资 0.37 元，最低工资 0.09 元。

（六）借贷利率

冀北通常利率为月利二分四厘，最高利率为三分七厘，最低利率为一分二厘。察东通常利率为月利二分六厘，最高利率为四分九厘，最低利率为一分六厘。

（七）兵差

冀北兵差总额为 12238027 元，平均每村负担为 4400 元，每户负担 44.61 元，每人负担 7.52 元，每亩负担 3.17 元。察东兵差总额为 3912943 元，平均每村负担为 4800 元，每户负担 62.47 元，每人负担 11.35 元，每亩负担 1.84 元。实物兵差与货币兵差之比例，冀北为 277∶100，察东为 347∶100，故知兵差形式均以实物为主。

附表一　　　两省33县平均每村户数及每户人数　　　单位：户，人

县别	村数	户数	人数	平均每村户数	平均每户人数
河北省						
遵化	288	23041	139029	80	6.0
迁安	331	29618	171082	89	5.8
密云	233	22566	138934	97	6.2
蓟县	161	13475	75382	84	5.6
平谷	41	5021	26426	122	5.3
滦县	216	24950	152028	116	6.1
昌黎	76	11438	62492	151	5.5
卢龙	145	14945	91797	103	6.1
抚宁	206	24380	142229	118	5.8
临榆	100	11188	63646	112	5.7
武清	97	8436	57683	87	6.8
丰润	169	16948	98697	100	5.8
怀柔	58	7347	42924	127	5.8
通县	120	14219	89980	118	6.3
宁河	98	9047	55494	92	6.1
乐亭	47	6112	32816	130	5.4
玉田	56	4721	27588	84	5.8
三河	46	4864	30615	106	6.3
宝坻	79	9086	44585	115	4.9
顺义	67	8135	47170	121	5.8
昌平	60	8750	53874	146	6.2
香河	34	2744	21860	81	8.0
兴隆	6	549	3035	92	5.5

冀北察东三十三县农村概况调查

续表

县别	村数	户数	人数	平均每村户数	平均每户人数
河北省					
安次	6	694	3672	116	5.3
总计	2740	282274	1673038	103	5.9
察哈尔省					
宣化	141	14194	85285	101	6.0
怀来	53	4375	23935	83	5.5
延庆	124	8770	49254	71	5.6
沽源	108	6517	32208	60	4.9
赤城	152	11167	61691	73	5.5
龙关	58	4939	25400	85	5.1
商都	52	3400	17574	65	5.2
涿鹿	8	625	4550	78	7.3
张北	115	8916	46214	78	5.2
总计	811	62903	346111	78	5.5

附表二　　两省33县的耕地　　单位：亩，%

县别	全村面积	耕地面积	耕地面积占全村面积之百分比	平均每户所有耕地面积	平均每人所有耕地面积
河北省					
遵化	376968	294731	78	12.79	2.12
迁安	346737	269149	78	9.09	1.57
密云	496777	333043	67	14.76	2.40
蓟县	189818	148432	78	11.02	1.97
平谷	81605	73735	90	14.69	2.79
滦县	310495	269653	87	10.81	1.77
昌黎	143205	113548	79	9.93	1.82
卢龙	196918	164569	84	11.01	1.79
抚宁	347501	275989	79	11.32	1.94
临榆	146706	121792	83	10.89	1.91

续表

县别	全村面积	耕地面积	耕地面积占全村面积之百分比	平均每户所有耕地面积	平均每人所有耕地面积
河北省					
武清	267993	244479	91	28.98	4.24
丰润	484912	336041	69	19.83	3.40
怀柔	199150	149455	75	20.34	3.48
通县	199890	162486	81	11.43	1.81
宁河	240555	196090	82	21.67	3.53
乐亭	52464	40088	76	6.56	1.22
玉田	129249	114969	89	24.35	4.17
三河	75468	64784	86	13.32	2.12
宝坻	333703	239299	72	26.34	5.37
顺义	212572	183750	86	22.59	3.90
昌平	146331	123869	85	14.16	2.30
香河	43278	36333	84	13.24	1.66
兴隆	14712	13467	92	24.53	4.44
安次	17400	15080	87	21.73	4.11
总计	5054406	3984831	79	14.12	2.38
察哈尔省					
宣化	394197	355804	90	25.07	4.17
怀来	107962	88056	82	20.13	3.68
延庆	216803	179341	83	20.45	3.64
沽源	556537	431827	78	66.26	13.41
赤城	391097	304569	78	27.27	4.94
龙关	128093	105174	82	21.29	4.14
商都	298320	178530	60	52.51	10.16
涿鹿	13940	12770	92	20.43	2.81
张北	591413	485093	82	54.41	10.50
总计	2698362	2141163	79	34.04	6.19

附表三　　　　　　两省33县平均每亩地价　　　　　单位：元

县别	总平均地价	各等平均地价			最高上等地价	最低下等地价
		上等	中等	下等		
河北省						
遵化	22.75	32.51	22.49	13.26	80.00	4.00
迁安	25.09	38.06	24.97	12.24	85.00	2.00
密云	21.66	29.98	21.68	13.32	70.00	2.00
蓟县	19.85	31.61	17.86	10.07	50.00	2.00
平谷	20.97	30.59	21.12	11.20	50.00	4.00
滦县	22.58	33.70	21.92	12.11	100.00	3.00
昌黎	24.94	39.96	24.04	10.83	70.00	2.00
卢龙	27.85	41.54	28.12	13.88	80.00	5.00
抚宁	30.75	44.33	30.33	17.60	120.00	5.00
临榆	32.36	47.57	30.50	19.00	100.00	3.00
武清	26.42	39.00	25.85	14.40	80.00	1.00
丰润	20.74	37.60	17.86	6.77	200.00	1.00
怀柔	21.81	30.98	21.95	12.49	100.00	3.00
通县	26.67	34.42	24.70	20.90	80.00	2.00
宁河	18.40	27.72	18.33	9.16	70.00	1.00
乐亭	30.39	44.29	30.29	16.59	60.00	6.00
玉田	37.07	51.91	36.78	22.51	100.00	8.00
三河	22.93	31.42	22.70	14.66	50.00	5.00
宝坻	6.66	11.38	6.08	2.51	40.00	1.00
顺义	23.91	32.69	23.49	15.56	50.00	5.00
昌平	26.88	37.18	27.37	16.10	70.00	5.00
香河	28.94	40.59	28.97	17.26	65.00	5.00
兴隆	20.09	28.13	19.38	12.75	30.00	10.00
安次	15.61	22.17	15.00	9.67	38.00	5.00
总计	23.97	34.97	23.41	13.54	77.00	4.00
察哈尔省						
宣化	8.36	13.91	7.55	3.63	60.00	1.00
怀来	8.81	13.77	8.74	3.91	50.00	1.00

续表

县别	总平均地价	各等平均地价			最高上等地价	最低下等地价
		上等	中等	下等		
察哈尔省						
延庆	11.01	16.06	10.89	6.08	40.00	2.00
沽源	1.10	1.66	1.08	0.57	5.00	0.20
赤城	5.83	9.04	5.60	2.86	35.00	1.00
龙关	7.28	11.33	7.05	3.45	30.00	0.40
商都	0.67	1.02	0.62	0.36	3.00	0.10
涿鹿	6.38	9.13	6.13	3.88	11.00	3.00
张北	2.27	3.89	2.03	0.88	25.00	0.10
总计	5.75	8.87	5.52	2.85	29.00	1.00

附表四　　自耕农、佃农、自兼佃农占比　　单位：%

县别	自耕农	佃农	自兼佃农
河北省			
遵化	60	13	28
迁安	52	14	33
密云	42	19	39
蓟县	63	9	28
平谷	75	7	17
滦县	55	17	28
昌黎	64	15	21
卢龙	54	9	37
抚宁	46	24	31
临榆	32	36	33
武清	70	8	22
丰润	46	32	21
怀柔	35	18	47
通县	70	13	18
宁河	24	34	42
乐亭	45	20	36

续表

县别	自耕农	佃农	自兼佃农
河北省			
玉田	51	13	35
三河	92	5	4
宝坻	44	25	32
顺义	42	17	41
昌平	46	24	30
香河	87	4	9
兴隆	55	32	13
安次	79	10	11
总计	52	18	30
察哈尔省			
宣化	31	35	35
怀来	55	21	24
延庆	59	12	30
沽源	32	65	4
赤城	68	12	20
龙关	42	21	37
商都	49	21	30
涿鹿	29	28	43
张北	49	31	20
总计	48	27	25

附表五　两省33县长工平均每年工资　　　　单位：元

县别	最高	最低	通常
河北省			
遵化	35.25	16.08	25.84
迁安	39.44	16.08	26.88
密云	38.43	19.32	28.31
蓟县	38.75	17.38	27.58
平谷	31.10	14.15	22.44

续表

县别	最高	最低	通常
河北省			
滦县	52.35	20.86	33.24
昌黎	55.83	20.46	33.87
卢龙	44.92	18.99	31.09
抚宁	52.98	22.70	35.48
临榆	58.21	25.45	39.82
武清	44.32	21.85	31.87
丰润	66.96	28.28	44.97
怀柔	36.90	16.38	25.62
通县	38.40	19.26	28.71
宁河	58.44	25.68	39.64
乐亭	57.18	24.55	40.10
玉田	55.00	24.78	40.45
三河	42.73	18.94	28.50
宝坻	60.61	27.50	45.79
顺义	38.32	19.01	27.97
昌平	39.58	16.21	29.14
香河	40.41	19.29	30.06
兴隆	42.25	19.88	32.00
安次	33.33	18.00	26.67
总计	45.90	20.46	32.34
察哈尔省			
宣化	29.15	15.01	21.01
怀来	31.50	14.02	21.80
延庆	31.71	15.59	22.71
沽源	44.46	22.91	32.99
赤城	30.72	16.76	23.07
龙关	27.56	14.71	20.81
商都	34.76	15.94	25.59
涿鹿	28.63	14.13	19.13

续表

县别	最高	最低	通常
察哈尔省			
张北	40.08	20.02	29.37
总计	33.17	16.57	24.05

附表六　　两省33县短工平均每日工资　　单位：元

县别	最高	最低	通常
河北省			
遵化	0.33	0.15	0.23
迁安	0.29	0.14	0.20
密云	0.36	0.15	0.24
蓟县	0.33	0.14	0.21
平谷	0.21	0.08	0.14
滦县	0.35	0.16	0.23
昌黎	0.32	0.13	0.21
卢龙	0.35	0.14	0.21
抚宁	0.46	0.19	0.29
临榆	0.43	0.19	0.26
武清	0.40	0.17	0.24
丰润	0.51	0.24	0.35
怀柔	0.34	0.14	0.22
通县	0.30	0.13	0.20
宁河	0.50	0.24	0.34
乐亭	0.28	0.14	0.21
玉田	0.42	0.20	0.29
三河	0.28	0.11	0.18
宝坻	0.43	0.17	0.24
顺义	0.32	0.13	0.22
昌平	0.31	0.13	0.22
香河	0.33	0.15	0.21
兴隆	0.34	0.19	0.26

续表

县别	最高	最低	通常
河北省			
安次	0.27	0.14	0.20
总计	0.35	0.16	0.23
察哈尔省			
宣化	0.26	0.10	0.15
怀来	0.21	0.09	0.14
延庆	0.22	0.09	0.15
沽源	0.37	0.13	0.21
赤城	0.23	0.11	0.16
龙关	0.24	0.11	0.16
商都	0.23	0.10	0.16
涿鹿	0.22	0.09	0.13
张北	0.26	0.11	0.17
总计	0.25	0.10	0.16

附表七　　两省33县平均每月借贷利率

县别	最高	最低	通常
河北省			
遵化	0.033	0.020	0.026
迁安	0.031	0.019	0.025
密云	0.032	0.021	0.026
蓟县	0.033	0.022	0.026
平谷	0.033	0.019	0.025
滦县	0.028	0.016	0.021
昌黎	0.025	0.014	0.019
卢龙	0.031	0.018	0.024
抚宁	0.030	0.017	0.022
临榆	0.030	0.017	0.023
武清	0.028	0.019	0.022
丰润	0.027	0.015	0.021

续表

县别	最高	最低	通常
河北省			
怀柔	0.031	0.022	0.023
通县	0.029	0.017	0.022
宁河	0.031	0.018	0.024
乐亭	0.025	0.012	0.019
玉田	0.030	0.020	0.025
三河	0.037	0.022	0.028
宝坻	0.032	0.019	0.025
顺义	0.030	0.019	0.025
昌平	0.028	0.017	0.023
香河	0.026	0.017	0.021
兴隆	0.034	0.023	0.028
安次	0.030	0.017	0.022
总计	0.030	0.018	0.024[①]
察哈尔省			
宣化	0.028	0.017	0.022
怀来	0.030	0.018	0.023
延庆	0.032	0.016	0.023
沽源	0.049	0.022	0.031
赤城	0.032	0.019	0.024
龙关	0.042	0.022	0.029
商都	0.040	0.023	0.030
涿鹿	0.030	0.018	0.024
张北	0.034	0.021	0.028
总计	0.035	0.020	0.026

① 原文为0.014。——编者注

附表八　　　　　　　　两省 33 县的兵差　　　　　　单位：元，%

县别	兵差总额	实物对货币百分比	每户负担	每人负担	每亩负担
河北省					
遵化	478056	143	25.78	4.24	2.17
迁安	822534	303	30.08	5.21	3.46
密云	598294	193	26.51	4.31	1.80
蓟县	223733	122	16.60	2.97	1.51
平谷	38670	172	7.70	1.46	0.52
滦县	1327999	130	53.23	8.74	4.92
昌黎	356101	196	31.13	5.70	3.14
卢龙	249502	324	17.22	2.81	1.58
抚宁	3272798	590	135.06	23.17	11.95
临榆	741427	548	66.27	11.65	6.09
武清	246022	191	29.16	4.27	1.01
丰润	1236065	539	74.89	12.89	3.75
怀柔	220539	98	30.02	5.14	1.48
通县	400370	114	28.16	4.45	2.46
宁河	293439	297	32.43	5.29	1.50
乐亭	137407	49	22.48	4.19	3.43
玉田	287055	772	60.80	10.41	2.50
三河	117156	82	24.09	3.83	1.81
宝坻	482323	802	53.08	10.82	2.02
顺义	272913	108	33.55	5.79	1.49
昌平	313394	255	26.27	5.89	2.57
香河	98245	86	35.80	4.49	2.70
兴隆	8685	62	15.82	2.86	0.64
安次	15300	100	22.05	4.17	1.01
总计	12238027	277	44.61	7.52	3.17
察哈尔省					
宣化	346371	135	24.56	4.08	1.00
怀来	53712	51	12.28	2.24	0.61

续表

县别	兵差总额	实物对货币百分比	每户负担	每人负担	每亩负担
察哈尔省					
延庆	218972	134	24.97	4.45	1.22
沽源	862840	239	132.40	26.79	2.00
赤城	1646144	1084	148.73	26.92	5.46
龙关	205332	503	41.57	8.08	1.95
商都	94010	184	28.26	5.46	0.53
涿鹿	7935	196	12.70	1.74	0.62
张北	477627	253	53.57	10.34	0.98
总计	3912943	347	62.47	11.35	1.84

（原载《社会科学杂志》1935年第6卷第2期）

近年来的灾荒

在我国农村,有一句盛行的俗话,说:"靠天吃饭。"这句话,一方面固然表示我国人民多是依农过活,他方面则又表示人力的不能征服天然,以致有"听天摆布"之感。归真说起来,我国农民实在都是靠天过日子,天道好一点,雨水均匀一点,年岁也就好,收成也就丰,大多数人民的吃穿,也就比较的饱暖,否则只有冻饿。不过,因为我国所处的天时地利胜过许多旁的国家,同时吃苦耐劳,是我国人民的特性,所以农民虽然"起五更,睡半夜",但如果外力不侵犯他们,政府不扰乱他们,他们倒也能"粗茶淡饭"的度过一生。数千年来,农业的经营,得能以贱价的劳力,在一种极不进步的农耕技术的条件下,维持了这庞多的世代子孙,也无非是这个缘故。

可是,到近几十年来,尤其是近几年来,就不同了。除掉外来的各大强国之经济的压迫外,"天"也似乎渐渐地摆起狰狞的面孔。水灾、旱荒、虫害,不停地发生于各地。去年灾荒的余痛未去,而今年春荒的厄难又来。触目惊心的消息,遍地皆是。如果叶逢士(S. Jevons)所推测的太阳黑斑点和经济循环(Eeonomic Cycle)的因果关系是真正存在的话,那我们实在可以相信天道是已经变了。旁的省县姑不举说,即就我的故乡——湖北黄安(今红安——编者)——而论,记得在民国十八年以前,只经过民国十四年的一个荒年,此外则听得老辈说,同样的一个荒年是光绪二十六年。但是民国十八年以后呢?一连四五年都闹荒,最近两年更剧。如去夏植稻时,正渴望水的时候,偏偏一两月未见雨,致秧未出谷便已干死;而今春麦子正欣欣向荣的时候,偏又淫雨为灾,致麦子都烂死于田中。这种现象，在旁的省份县份，当然可以找出，或许灾害还要大。从天的旱雨恰反于农时一点而言，真令人觉得天是故意捉弄我国农民了，而"靠天吃饭"一语，也真是不错！

至于年来灾荒的损失，和农民受灾的苦况，似无容我们细说。去年的统计数字，全国农产因灾荒而损失的数值，达 1/3，实属前所罕见。不过，因为前年丰收，所以农民虽极窘苦，尚能勉强维持于一时。今年春荒的结果则大不相同了。毫无存粮的农民，现在唯有坐以待毙。农民早已陷于贫穷线下，现在更被拖到死亡线上。照理都市虽可以吸引农村人口，但因年来工商业不景气的结果，都市失业人数日复加多，哪能有余力收容乡村里许多的饿殍？所以四乡吃树皮、嚼树根、吃观音土，甚至吃人肉的消息，随时可闻，蓬头跣足，鸠形鹄面的灾民，到处可见。都市的洋房大厦，虽日在增多，但无论如何是遮不住乡村的惨相了。

然则近年来灾荒的发生，果真是由于天道反常吗？或果真是农民命该如此吗？除非是迷信者，否则在这科学的 20 世纪，这问题实不值一问。那么年来灾荒的次数增多，程度加剧，其原因究在哪儿呢？我们的回答：这原因全是人为的。现在约略分述于下：

第一，农耕技术的幼稚。我国农具初期的发展，本不后于欧西，甚或过之；只以十数世纪来，无若何的变易，致农业经营，乃停滞于千余年前的状态。就与农事最关切的灌溉器具而言，在后汉三国时便已应用龙骨车（即翻车，俗名水车），到现在，其形状虽稍有改变，而方法一仍如昔。只此一端，可知我国农民的保守和不求上进。比如我的故乡，现在一般农家所用的灌溉器具，还是 2 人或 4 人摇转的水车。这种水车，只能用于池塘沼泽，至于大一点的河流，则无法展其本领。尝见乡人于天旱时，望着河水，无法引灌。由此知旱灾的发生，并不能怨天。至于虫害，更是人力所能除尽的，但是我国农民，到现在只知道用人力捕蝗虫于事后，不知道施用药料防止于事前。吃力受害，到头不落一饱，这表示耕种技术的落后，以致灾荒无法免除。

第二，水利的失修。我国农作物之有待于水分的营养，尽人皆知。尤其是东南部产稻区域，其赖于水者更多。西北部诸省，农作物虽多不直接靠水生长，但如果雨量不足，也使得土地日渐硗瘠，致地力减而农产歉。同时，北方河流，因黏土的轻松和易于冲毁，以致河身常为之淤塞而酿成水患。黄灾的难防，正是此故。所以在我国，无论南北，水利都很重要。至于水利的范围，包括很广，如防潦、灌溉、疏浚、宣泄、便利航运、发展水力，等等都是。不过，其中最关系于农业的，还只有灌溉和排水的问题，是了解东方社会，尤其是中国社会的重要枢纽，当非过言。考我国的水利事业，自大禹治水开其端，历代无不列为国家的要政。防堤官员，都战战兢兢地遵守"堤破兴亡"的律条，所以颇能消除水患。唯迨晚清与欧西交接以来，政治日窳，不但不能建设新的水利系统，而到了民国，反而内战频仍，致固有的水利建设，什九为之破坏或湮没。负治水责任的官吏更不能遵守往时的律条，视人命如儿戏。水灾的迭见，自不足怪。所以水利的失修，实是近年来水灾特多特重的一个重要原因。

第三，近十数年内战连连，树木遭砍伐，桥梁堤岸被拆毁，整个乡村为之凋零。我们知道植林可以改善气候，现在林丛既多被毁灭，当然又影响气候的恶化。南方旱荒的增多，这不失为原因之一。至于桥梁堤岸的拆毁，直接关系水灾，更不待言。此外农具被征用，农民被拉夫，在在均足以直接或间接妨害农事，致农产收获减少。盖许多重要农具，如灌溉器具，制造颇费，实非农民现在的资力所能应付；农具既缺，焉能有良好的收成？所以解决农具缺乏的问题，实属迫不及待。拉夫或拉差，在农闲时，犹有可说，至于农忙时，则荒芜田地，为害甚大。凡此均足以说明近年来灾荒之所以增多并加重。

此外，自然还有许多原因，不过，即单就上述各点看起来，我们已足以知道近年来灾荒次数特多，损失特重的，并不是缘于天道反常，而实是缘于人力的不能"未雨绸缪"，预防灾害。所以尽管赈灾的机关设遍全国，而灾害的发生，一仍如旧。姑不论赈灾的恩惠，是否可以使灾民普遍受得，或即令施放的赈款足以济农民的厄难，但须知"羊毛出在羊身上"，农村破败了，农民穷死了，赈款又安能有着？因此，我们只能把赈灾当作一种事后的临时救济；至于欲图永久的功效，则仍须有待于根本的办法。这种根治的要图，不外：治标方面——禁止军兵破坏关系农事的各种设备，及其他足以防害农事的一切行为。治本方面——建设水利系统，以永除水患；改良农耕技术，以便利灌溉；推广植林运动，以调剂气候；普及农业化学，以防止虫害。这些办法，或已早为政府所注及，只是见诸实行的还很多。所以不厌烦琐地特又将其提出来，以促政府注意，而期早观成效。

最后，我们希望"靠天吃饭"这一句话，能够早日改变过来。

（原载《独立评论》1935 年第 150 号）

一年来农村金融的调剂工作

农村金融的调剂，对于农业生产的促进及农民生活的改善，所居地位的重要，无待我人申述。年来因都市金融充血症的结果，银行界苦于无地投资，遂有放款农村、周济农民之举。政府对于农村经济的兴发工作，年来亦颇努力。如农村合作社之推广，农业仓库之设立，农民银行之组织，等等，均有相当的成绩。社会团体方面，著者如华洋义赈会，对于农村金融的调剂，尤尽了一番力量。我们现在先观察一下，看看农村金融机关究竟增加了多少，银行界对于农村的贷款究竟有多少，以便明了农村金融活塞的实况，及其调剂工作的成效。

农村金融机关的增加，最显著的要算是农村合作社了。民国二十一年全国合作社为 4 千社，二十二年增为 6 千余社，二十三年则一跃而为 9948 社，社员 373856 人。① 全国农村合作社则为 9809 社，社员 346211 人，但此数还是 6 月所调查，半年期间增加如此之速，成绩殊是惊人。

就各省社数论：安徽由第 7 位跃为第 1 位，计 2444 社；江苏由第 1 而为第 2，计 2220 社；河北由第 2 而为第 3，计 1460 社；浙江由第 3 而第 4，计 1282 社。余如江西、山东、湖北、湖南诸省，社数均猛烈增加，如湖北由第 17 跃为第 7，计 375 社，江西由第 10 跃为第 5，计 961 社。此外如广东、广西、福建、云南、贵州、四川、河南、山西、陕西、甘肃、察哈尔、绥远、青海诸省，亦均有莫大

---

① 《民国二十三年合作运动之全国统计》，中央统计处。

的进步。有合作社的省数，已达21省，不能不算是普遍了。至就各省社员论，则仍以江苏居第1位，计72404人；次为安徽，67215人；再次为河北，37786人；又次为浙江，36561人。现为明了起见，特作表于下：

表1　　　　　　全国各省合作社与社员总数　　　　单位：个，人

省别	合作社数	社员数	省别	合作社数	社员数
江苏	2220	72404	四川	10	665
浙江	1282	36561	河北	1460	37786
安徽	2444	67215	山东	539	15918
福建	5	3160	河南	55	3397
广东	47	3694	山西	20	1479
广西	12	1619	陕西	32	17965
湖南	249	29940	甘肃	3	93
湖北	375	15014	察哈尔	3	749
江西	961	29874	绥远	60	1906
云南	27	2908	青海	1	19
贵州	4	3845	合计	9809	346211

由社数和社员数的分析，虽知合作社已广为普及，但实则仍集中于安徽、江苏、河北、浙江诸省。综此4省计算，社数共7406个，占全国农村合作社总数的75.5%，社员213966人，约占全体社员的61.8%。由此我们可以说全国的合作社仍未有普遍的发展。

以上所说的是各类农村合作社的总计。虽然利用、运销、供给诸种合作社，对于农业经济的维护，都有深切的关系，但是对于农村金融直接影响的，还只是信用合作社。关于全国合作社的分类统计，一时尚付阙如，故不能单述信用合作社的现况。不过我们看看各省的统计，大部均以信用合作社为主要，如安徽、湖北、河南、湖南、江苏、浙江诸省，信用合作社例均占全体合作社70%—80%，至于华洋义赈会所举办之合作社几全为信用一种。由此我们即以各种合作社的数字，来阐述农村合作社对于调剂农村金融的贡献，亦

不致不适合。

年来农村合作社虽有如此惊人的发展，但以我国幅员之大，农民人数之多，此种少数的合作社，比之于全国人口数量和农民的需要，实有"杯水车薪"、无济于事之感。若以各种农村合作社社员总数346211人，和全国农民3.4亿人相较，则每千人中只有社员1人。比之于欧美多数国家都在10人到100人以上者真是瞠乎其后！由此知农民所受合作之利亦鲜矣。如以全国农村信用合作社社数和全国农民人数相较，则每1000人中尚不到1人，则是信用合作社对于农民金融之周济，实差强人意。我们又由农民借款来源分析，知农民由合作社所获得的借款，只占全部的2.6%[①]，微小的程度，几使人看不到合作社的存在。我们由上可知新式的金融组织，对于农村金融的调剂，仍无若何功效，农民固仍处于金融枯涩的情状下，伸手乞援！

我们再看看农民银行和农业仓库。实际负农民银行之名而为农村金融的调剂者，至今仍只有江苏省农民银行和鄂豫皖赣四省农民银行。此外则浙江已有农民银行，甘肃省农民银行正在积极筹设中，四川省有县农行五六所，湖南省有农民银行筹设委员会之成立，山西省亦有筹设县农行之议。江苏省农民银行现设有各县分行21所，各县办事处15处[②]，数量上颇为扩张。鄂豫皖赣四省农民银行截至二十三年9月底，计共成立分行4处——豫之郑州，赣之南昌，皖之芜湖，闽之福州各1处，支行1处（位于鄂之沙市），办事处9处——鄂之宜昌，豫之开封、潢川，赣之九江，皖之安庆、六安，陕之西安，闽之厦门、南台各1处[③]，后又在上海、厦门各设分行1处。在地域的分布上比较广了。我们现在看看它们对于农民放款的总额，以便明了农民所受的实惠。江苏省农民银行在民国二十一年

[①] 《各省农村金融调查》，《农情报告》第二年第11期。
[②] 见民国二十三年十二月十五日《苏报》。
[③] 《四省农民银行工作概况》，《合作月刊》6卷11、12期合刊。

下期放款总额为330余万元，二十二年上期减为260余万元。① 二十三年虽无报告，但我们可以推测出每期平均亦不过两三百万元之谱。江苏农民近3000万，则每人由农行所获得的放款平均每期只有0.1元，每户亦只有四五角。其成绩实难令人满意。鄂豫皖赣四省农民银行，截至二十三年9月，计对鄂、豫、皖、赣、陕5省农村，共放款6907966元，② 简言之，近700万元。这数目是比较大一点了。可是，如果我们拿这几省的农民人数户数来分配，则每人每户所分得数额的微小，更令人感觉到农民所受的惠益太少了。在农村金融极端枯竭的现在，殊令人有"粥少僧多"、无从分派之感。

农业仓库的推进，年来稍著成效。差不多有合作社的省份，多兼办农业仓库，农民银行更为之广为设立，至于上海商业储蓄银行、中国银行，亦纷纷设立，以期放款给农民。现全国已成立之仓库，为数究有若干，目前尚无统计。但我们可以说，就全国而论，以江苏为最发达。江苏省农民银行本行、分行自办的及委托当地机关或农民教育馆代办的储押仓库，共有97所，计储押丝、稻、米、麦、豆、棉、杂粮、菜籽、豆饼、布匹等农产品，共值140余万元，并预备在本年扩充118所，可增押稻麦等农产品百万担，约计300万元。③ 这成绩是比较满人意的。鄂豫皖赣四省农民银行经办的农业仓库有5处，计汉口、郑州、南昌、皖之湖口、陕之棕阳各1处。④ 此外湖南省成绩亦不恶，余则设立的省份虽多，但一时尚无显著的成绩。

在此须附带叙述者，即农民借贷所。农民借贷所的目的，在救济贫农，防止高利贷的剥削。现已设立者有皖、赣、冀、浙等省。各省县如能闻风仿行，当亦可济农民于一时。

年来农村金融机关进展的大概情形已说过了。现在我们要进而检讨以营利为目的的银行界，在农村金融调剂的工作上，所给予

---

① 《一年来复兴农村政策之实施状况》，《农村复兴委员会会报》2卷2号。
② 《四省农民银行工作概况》，《合作月刊》6卷11、12期合刊。
③ 《仓库制度之推进》，《农村复兴委员会会报》2卷3号。
④ 《四省农民银行工作概况》，《合作月刊》6卷11、12期合刊。

农民的实惠。一年来为农村放款的银行计有：中国银行、上海商业储蓄银行、交通银行、浙江兴业银行、金城银行、中国农工银行杭州分行等。其中以中国银行放款最多，约为 1000 万元，上海商业储蓄银行次之，近 300 万元，余则几十万元不等。总计银行界对于农村放款的数额为 1400 余万元，数目诚不可谓多。但是一方面，我们如果以之与全国农民人数户数相较，实仍觉渺乎小焉；他方面若比之于民国二十年上海银行界对于政治放款 8500 万元，铁路放款 7000 万元，水利及公路放款 1600 余万元，① 又不免有小巫大巫之感！再就上年实业部中央农业实验所对于 22 省农民借款来源调查的结果，银行放款仅占 2.4%，尤知农民受银行界惠益之微。良以商业银行以短期高利为宗旨，而农村金融则以长期低利为本；同时银行为放款安全计，又多索高额抵押品，农民呻吟于荒灾之下，焉有抵押品可付，是诚农村金融难望商业银行为之调剂的根本原因，亦即银行界放款农村难期收效的莫大阻碍！最近交通银行、中国银行、浙江兴业银行、上海商业储蓄银行、鄂豫皖赣四省农民银行等，又组农业贷款团，以作放款农村之举。但据闻贷款资金仅 300 万元，区区之数，何以济当前的急难？我们深愿银行界当局，更放大眼光，扩大心胸，增多农村的贷款额。观乎年来内地资金流入通商大埠之趋势，不但未减，反倒增加，而大都市又因美国提高银价，现银流出激增。都市资金不但未复归农村，反更有搜集农村资金，以共谢外人之势。以此循环辗转，驯至农民购买力日低，其极将使都市农村同归于尽。此我人于叙述年来银行界对于农村金融调剂工作的成效之余，更愿再三致意于银行界当局，以求深深注意及之者！

由上面的叙述，我们知道政府和社会团体年来对于农村金融调剂的功效尚极微小。在历年亏损及兵匪蹂躏之余，农民本已感耕耘资本缺乏之苦，而去年又水旱虫灾并举，农家经济生活的窘状，自

---

① 《民国二十三年度的中国银行界》，《东方杂志》32 卷 2 号。

更不待言，新式金融组织既仍感缺乏，则农民苦于告贷无门，还只有听凭高利贷剥削。兹据实业部中央农业实验所抽查22省850县农民借贷的结果，① 来看看农村金融当前的实况。

表2　　　　　　　　农民的借款来源　　　　　　单位：%

省名	银行	合作社	典当	钱庄	商店	地主	富农	商人
察哈尔				12.5	18.7	25.0	3.5	31.3
绥远	2.9	5.8	2.9	8.8	5.8	20.7	17.7	35.4
宁夏					21.8	14.3	28.6	35.2
青海			6.9		14.9	23.5	17.0	38.3
甘肃		1.3	2.6		16.0	21.3	22.7	36.1
陕西	4.1	2.0	9.0	5.0	20.5	15.4	14.4	29.6
山西	4.9	1.3	18.9	13.0	11.4	14.4	13.4	22.6
河北	3.3	11.9	5.1	10.7	13.8	13.3	19.8	22.2
山东	6.1	8.4	3.5	16.3	15.4	15.5	19.6	20.1
江苏	8.8	5.6	18.5	6.2	7.2	22.5	14.2	16.0
安徽		8.6	6.9	0.5	13.1	30.4	16.9	22.6
河南	1.7	1.3	6.3	6.5	15.7	28.8	16.6	23.1
湖北	2.9	4.9	10.9	3.9	13.8	25.4	21.6	16.6
四川	2.6	0.9	18.3	6.8	8.8	26.6	14.5	12.5
云南	2.6	0.8	0.2		6.1	33.4	21.1	30.8
贵州			7.4		10.4	32.9	23.9	23.4
湖南		1.6	5.6	2.2	13.5	34.5	22.7	19.8.
江西	1.6	3.2	5.6	4.0	11.2	33.6	22.4	18.4
浙江	3.7	4.5	16.2	10.1	12.0	21.9	15.8	15.8
福建	0.9		3.6	7.2	16.3	20.0	22.8	29.2
广东	3.2	0.3	18.4	5.5	13.2	26.9	12.4	20.1
广西	3.7		22.3	0.8	8.9	31.8	13.4	19.1
平均	2.4	2.6	8.8	5.5	13.1	24.2	18.4	25.0

注：表中平均数疑有误，原文如此。——编者注
资料来源：《农情报告》第二年第11期。

---

① 《各省农村金融调查》，《农情报告》第二年第11期。

1. 由农民借款来源的分析，我们知道农村金融的无上权，仍操诸地主、商人之手，看表2便知。

新式的金融组织和机关，显然的不置轻重；典当、钱庄这种旧有的剥削组织，也呈现衰落的现象；只有地主、商人仍利用他们在农村的高越地位，把握着农村金融的无上权。

不但从借款来源看得出农村金融的无上权，系操诸地主、商人之手，即从游资的储蓄机关亦可看得出来。据《农情报告》同期所载，农民的余资，61.2%都在私人（地主、商人）手里，25.6%在商店手里，存在银行与合作社的，只各占0.4%与0.7%。兹为明了起见，列表于下：

表3　　　　　　　　农民的储蓄机关　　　　　　　　单位：%

省名	银行	合作社	典当	钱庄	商店	私人	其他
察哈尔					33.3	66.7	
绥远					45.5	45.5	9.0
宁夏					16.6	16.6	66.8
青海					15.3	84.7	
甘肃			20.0		20.0	60.0	
陕西					38.4	59.1	2.5
山西	0.6		10.0	3.7	25.6	60.1	
河北	0.2	8.5	2.6	1.7	17.7	69.3	
山东	0.5		4.1	2.1	25.6	67.2	0.5
江苏	2.2		7.5	2.2	31.6	56.5	
安徽		4.0	2.0	2.0	38.8	53.2	
河南	1.0		3.0		27.6	68.4	
湖北			9.6		35.4	55.0	
四川			14.5		10.0	75.5	
云南			13.3		10.0	76.7	
贵州			21.0		5.2	73.8	
湖南			7.8		17.1	75.1	
江西		1.9	1.9		40.4	55.8	

续表

省名	银行	合作社	典当	钱庄	商店	私人	其他
浙江	2.4		7.2	6.0	30.1	54.3	
福建	1.8		3.7		34.0	60.5	
广东	1.0		16.3	5.4	26.1	51.2	
广西			17.7		17.7	64.6	
平均	0.4	0.7	7.4	1.1	25.6	61.2	3.6

注：表中平均数疑有误，原文如此。——编者注
资料来源：《农情报告》第二年第11期。

由此更可明了新式金融组织与农民无多大关系，而农民的金融活动权，是握在地主商人手中了。

2. 由农民借款利率的统计，我们知道中小农民仍处于高利贷剥削之下。兹据同种材料来源列为表4：

由表4我们看得出1分至2分的利率已少见了，2/3的都在2分至4分，4分至5分及5分以上的反比1分至2分还多，农民呻吟于高利贷下的苦况，不问可知了。

表4　　　　　各种借款利率所占之百分率　　　　　单位：%

省名	一分至二分	二分至三分	三分至四分	四分至五分	五分以上
察哈尔	12.5	62.5	12.5		12.5
绥远	18.7	12.5	6.2	43.9	18.7
宁夏			28.5	14.2	57.3
青海		42.9	19.0	14.2	23.9
甘肃	2.7	22.3	19.4	27.8	27.8
陕西	0.9	6.6	29.3	12.2	51.0
山西	2.6	17.0	40.6	27.6	12.2
河北	6.6	46.7	43.8	2.5	0.4
山东	5.4	35.7	37.0	20.0	1.9
江苏	14.3	48.7	25.2	5.9	5.9
安徽	1.2	32.1	38.3	11.1	17.3
河南	1.2	10.8	52.8	19.2	16.0

续表

省名	一分至二分	二分至三分	三分至四分	四分至五分	五分以上
湖北	7.5	50.0	27.5	7.5	7.5
四川	15.6	32.7	40.9	6.1	4.7
云南	8.3	39.6	37.6	4.1	10.4
贵州		15.2	65.5	12.9	6.4
湖南	1.1	44.9	43.6	4.7	5.7
江西	16.3	73.5	10.2		
浙江	41.2	57.7	1.1		
福建	31.9	53.9	4.2		
广东	18.8	48.2	30.4	0.9	1.7
广西	1.0	34.0	55.0	6.0	4.0
平均	9.4	36.2	30.3	11.2	12.9

注：表中平均数疑有误，原文如此。——编者注

以上援引的材料，虽是民国二十三年二月的调查，但是我们知道民国二十三年的空前奇荒，使农产量较上年大为减少，则农民生活自更为窘困。农家借债的在民国二十二年占全数一半以上[①]，本年陷入借债的当更会增多。在此种农家借款需要更为迫切，而新式的金融组织还未取得优越地位之情状下，我们当可推知民国二十三年的农村金融将更较上年枯竭，农民所受高利剥削的程度更较上年深刻了。

由上面的叙述，使我们觉得今后农村金融的调剂，应注意以下诸点：

1. 由政府负责统筹。农村金融的调剂，非由政府负起责来，实难收速效。年来银行界及其他社会团体，虽有放款农村，或为农民组织金融机关之举，但因或碍于私利的企图，或碍于力量的薄弱，虽于农村金融不无些稀活动之功，而欲其肩此重任，以期功效全见，则无异幻想。且社会各机关，因各自分头工作，彼此间毫无联络，

[①]《各省农民借贷调查》，载《农情报告》第二年第4期。

或则叠床架屋，或则仍付阙如，于各地的农村金融，实难有普遍调剂之效。故非待于政府的统筹不可。一年来，政府对于农村金融下层组织的推广，亦不无功效，唯于上层统一的金融组织，则至今尚未见诸事实。各省合作社的联合会，不说多未成立，即实业部决议筹设年余的全国农民银行，亦未见开幕，徒见法令多于事实耳！我们唯望政府今后将昔日的议案，实际地施行起来。

2. 应顾及佃农的利益。观乎一切金融机关，多系有产者的活动所，贫民实难获其利，商业工业金融机关如是，农业者亦何独不然？观乎年来银行界对于农村贷款虽多，政府与银行对于农业仓库的设立虽广，但佃农贫农并未获其利。盖农村贷款，例多以农民的经济地位及个人信用为衡，农业仓库亦均以农产抵押品的多寡为准，大农、富农无论就经济地位、个人信用，或可作抵押的农产品数量而言，均较佃农、贫农居优势，则其所获得的惠益，自亦较后者为厚。信用合作社虽有周济一般佃农之功，但就目前状况而言，不但其发展尚属幼稚，且多数合作社，尚沦于大农、富农等之手，为彼等所操纵把持。农民借贷所，虽一时可图贫民借贷的利便，又以创立伊始，功效至微。我们由是可知今后对于农村金融的调剂，尚须特别注意佃农利益，换言之，注意大多数农民的利益。除信用合作社应积极推广并改良外，如各银行的放款，农业仓库的出贷，均应以周剂一般的农民为目标。

3. 其他的设施与工作。考年来农村金融的调剂工作，实较历年努力，而事实上农村金融反日趋枯竭，不得不令人感到农村金融的活跃，殊难求诸本身的调剂。盖农村金融的枯竭，虽亦为农村经济衰落的原因之一，而其本身却又系构成农村经济衰落诸因子所形成的结果。如年来巨额入超，使都市大量搜集农村的资金，一以囤积，一以输出；最近一年来，则因美白银购买政策实行的结果，银出口的趋势更剧，索本追源，农村经济资金更有流出竭尽之势。又因农产品价格跌落及本年的奇荒，中农沦为佃农，佃农则经济地位日窘，此时地主、商人虽有款可供贷放，但为安全起见，彼等亦宁愿低利置于都市，不愿高利放于农村；何况连年来农村经济解体的结果，地主、商人亦无多额余资耶！农村金融在其调剂工作呼遍全国的声浪中，而不得不益趋枯涩者，正是此故。我们从这里可以知道，在招致农村金融枯竭的这种根本原因未除时，则头痛医头的办法，固可收一时之效，但仍难除永久的病源；是其他关于农村经济复兴的设施和工作，自应并举，以观成效。至于如何图谋他种设施和工作，则以不在本文论列范围之内，故略之。

（原载《经济评论》1935年第2卷第3期）

民国二十三年的中国农业经济

中国农业经济的衰落，年来与日俱剧，民国二十三年只不过是衰落加剧的一个过程。尽管农村经济复兴运动，经朝野的鼓吹和施行，成绩上稍有表现，但在农业经济衰落的根本原因没有消除时，农业既没有发达的可能，农村也没有复兴的希望。

本文的目的，在将民国二十三年中国农业经济的真相，简要地指出来。如果我们能看清一年来农业经济所表现的各种事实，则我们不难探出构成此种事实的真实原因，以为改进农业与发展农村的依据。关于农业经济一般情形的叙述，上年曾有巫宝三先生撰"民国二十二年的中国农业经济"一文，载于《东方杂志》31卷11号。巫先生用农业生产利得及农民购买力二者，作为论述的中心点。本文有些地方仍沿用此种方法。

一　农业生产

考察一年期间内，农业生产的兴衰，即农业经营的利损，可从两方面看。第一，在一定的生产技术之下，农作物产量之多寡。产量增多了，则虽每亩产量不变，每单位生产品的利得如一，而总收益必增。反之，在同样情状之下，产量减少了，总收益必减。第二，因生产技术之进退，投资之增减，所招致单位成本的变动，这也可使总收益或增或减。第一种情形，可用耕作面积的增减，天时气候的影响等来说明；第二种情形，则可借每亩产量的大小、作物成本的高低等来测量。在我国目前，因每亩产量的多寡，及作物成本的高低诸种统计，尚付阙如，故第二种情形，无从阐述。我们只能从生产量的绝对数额方面，佐以物价的涨跌，借示农业兴衰的趋势。

我们首先看看民国二十三年农作物的产量。在这里，我们只能选择几种主要农作物代表。畜养及他种副业产品，虽然也占相当的地位，但因材料限制，只得略去不述。民国二十三年，各主要农作物的产量，我们可以概括地说，除少数一二种外，余均较前几年减少。兹将四年来实际产量，作表列后，并以二十年为100，将各年产量作成连锁指数，以资相互比较（见表1）。

表1　　　　近4年来主要农产品产量及相互比较　　　单位：千担，%

物品	民国二十年 总量	百分比	民国二十一年 总量	百分比	民国二十二年 总量	百分比	民国二十三年 总量	百分比
稻米	528310	100	572350	108.34	519000	90.68	342526	66.00
棉花	6399780	100	8105637	126.65	9774207	120.52	11172553	114.31
小麦	370620	100	368960	99.55	390100	105.73	360341	92.37
小米	142740	100	150280	105.28	141100	93.89	113515	80.45
高粱	133850	100	155530	116.20	139630	89.78	112158	80.33
玉米	100030	100	113040	113.01	105700	93.51	91464	86.53
大豆	130360	100	147520	113.16	164540	111.54	105434	64.08
花生	23150	100	24930	107.69	24930	100.00	26461	106.14
甘薯	186900	100	279590	149.59	261900	93.67	265812	101.49

注：除棉花一项系根据中华棉业统计会估计外，余均系根据中央农业实验所全国农产估计。

由表1我们知道除棉花、花生二项的产量较前三年都增加，甘薯的产量较民国二十二年及二十年两年增加，而较民国二十一年仍减少外，其余各主要农作物，较诸前三年，无不显著减低。其中如稻米较民国二十二年减少34%，大豆减少35.92%，高粱、小米各减19%左右，只小麦一项减少的程度稍缓（见表2）。但是民国二十二年的产量，一般都不及民国二十一年之多，所以如果把民国二十三年的产量和二十一年相较，见减退的程度之剧，尤足惊人，至少在2/5以上。

表 2　　　　　　　　　4 年相互比较之增减率

（民国二十年为 100）

物品	民国二十一年	民国二十二年	民国二十三年
稻米	8.34（+）	9.32（-）	34.00（-）
棉花	26.65（+）	20.59[①]（+）	14.31（+）
小麦	0.45（-）	5.73（+）	7.63（-）
小米	5.28（+）	6.11（-）	19.55（-）
高粱	16.20（+）	10.22（-）	19.67（-）
玉米	13.01（+）	6.49（-）	13.47（-）
大豆	13.16（+）	11.54（+）	35.92（-）
花生	7.69（+）	*	6.14（+）
甘薯	49.59（+）	6.33（-）	1.49（+）

注：* 与民国二十年平，无增减。

从产量的增减上，我们可以说，本年只棉花、花生两项较为有利，余均表示亏折。[②] 农作物的产量，大多数既然显示剧烈的减退，不说来年每亩产量没有增加，单位成本没有减少，即令前者增加了，后者减少了，也难填补那种由于产量减少所招致的绝对损失。

现在我们进而检讨一年来主要农作物的产量增减的原因。第一，假使耕作技术不变，每亩产量不变，气候天时如常，则种植面积的扩缩，实可直接影响农作物产量的增减。民国二十三年，各主要农作物的种植面积，仅有少数是较前几年增加，多数是较前几年减少了。如以民国二十二年为 100，则本年稻米种植面积为 92.7，棉花为 110.7，小麦为 104.6，玉米为 101.4，小米为 81.7，大豆为 79.4，高粱为 83.5，花生为 118.2。[③] 其中较民国二十二年增加者只有棉花、花生、小麦、玉米四项，余则均减少，尤以大豆、小米、高粱为最。

---

① 原文如此。
② 同上。
③ 除棉田面积系根据中华棉业统计会估计外，余均系根据中央农业实验所全国作物种植面积估计。

这里我们显然看得出种植面积与产量的关系来。由表2，我们知道棉花产量在民国二十三年较上一年增加了14.31%，花生增加了6.14%，小麦、玉米虽较上年减少，但减少程度极微，各不过7.63%及13.47%而已。这是由于种植面积的扩张，一看便可了然。再看大豆的产量减退最剧，而大豆的种植面积亦减缩最剧，余如小米、高粱亦然。稻米的产量所以比种植面积减少更甚者，这自然还有他种原因，留待下述。不过，在此地我们仍可以说：民国二十三年各主要农作物产量的增加和减少，种植面积的扩缩，不失为一主要的原因。

第二，构成民国二十三年农作物产量一般剧减的重要原因，不待说是本年的大旱。受灾最大的，如江苏、安徽的稻损失量占全数之半；余如河北的高粱、玉米，陕西、河北的小米，安徽、浙江的棉花，江西、河北、浙江的大豆，损失量都在40%—50%，高者且达80%—90%，① 灾之奇重，实十数年来所罕见。以上所举各省，多系各农作物的主要产区，所给予农作物产量减少的影响尤大。兹将民国二十三年主要农作物因灾损失的数量，及其占常年总估计量（近五六年平均数）之百分率，列表为表3：

表3　　民国二十三年主要农作物的损失量与总估计量比较

单位：千市担，%

类别 名称	损失量	总估计量（近五六年平均数）	受灾量占总估计量百分比
稻	215984	1072037	20.15
高粱	31186	159899	19.50
玉米	25501	125689	20.29
小米	111648	172898	64.57
棉花	5984	19361	30.91
大豆	31638	167849	18.85
总计	421941	1717733	24.56

① "民国二十三年全国旱灾调查"，见《农情报告》第2年第9、10、11期。

由表3我们知道除小米一项损失最大外，余如稻、玉米、高粱、大豆等，损失亦多在20%左右，棉花且达30%左右。从这里我们看得出灾荒给予收获量影响之大。

第三，还有一个影响农作物产量增减的要素，便是每亩产量的多寡。各农作物中，每亩产量增大的，只有棉花一项。本年每亩产量为0.249（千市担），较民国二十年增加23.3%，较二十一年增加14.2%，较二十二年亦增加2.9%。棉花每亩产量的增大，乃是年来改良种子及种植方法的结果。因为每亩产量增大，所以本年受灾害的程度虽然甚大，总产量还是增加了。年来各种农产品都表示衰落，只有棉花独自欣欣向荣，也无非这个缘故。其余的农作物，每亩产量既未见增大，自难抵消灾害及他种足以招致产量减少的因素之影响。

就上面的分析，我们知道民国二十三年，一般的农作物一方面因耕作面积的收缩，他方面因水旱虫灾的侵蚀，生产量大为减退。耕种面积的收缩，表示农业经营的无利可图，因而放弃土地，或改植他种农作物（如改种棉花是）；灾荒的侵蚀，表示农业技术的幼稚，以致不能抵抗自然；这一切根本的因子，遂由全体农作物产量的缩减上，显示着农业衰落的情况。虽然棉花的产量是增加了，但我们看看棉花种植面积的扩张，便知道这是由于种植他种农作物无利可图，因而改植棉花的缘故。且棉花一项产量增加的这种利得，也难抵补大多数农作物产量减少的损失。故此我们现在不必分析一年来单位成本的变动，便知本年度农业经营极为亏损，依农为生的农民，生活益趋窘迫了。

其次我们看看一年来的农产品价格。一般言之，民国二十三年农产品的全年平均价格，比上年更为跌落，继续着四年来下降的趋势。其中仅大米价格呈着涨势，棉花则有涨有跌，唯比较平稳。跌落最剧的要算是大豆，比较二十年跌落54%。小麦比二十年跌落1/3，比二十二年跌落1/6。杂粮、花生亦呈显然的跌势。这一切现象，看表4便可知道。

表 4　　　　　　　　近 4 年来主要农产品价格指数

地名	农产品	民国二十年	民国二十一年	民国二十二年	民国二十三年
天津	小站米	100.00	96.56	78.44	78.94
	白麦	100.00	95.08	77.11	69.28
	元玉米	100.00	93.63	79.25	77.61
	红粮	100.00	94.85	80.88	75.37
	元小米	100.00	95.86	80.00	70.57
	生米	100.00	95.20	87.82	78.97
	西河花	100.00	79.72	79.61	81.90
上海	陕西棉花	100.00	87.95	84.28	81.87
	常熟粳米	100.00	113.20	69.13	84.67
	徐州花生	100.00	85.12	62.01	46.23
	牛庄高粱	100.00	83.33	76.42	61.16
	辽宁玉蜀黍	100.00	86.46	75.26	66.45
	汉口小麦	100.00	94.42	79.52	64.62

上面所根据的，虽是都市的价格，但我们知道都市价格比乡村价格还要高，其程度等于运销费用加税捐，我们如果从都市价格中除去此二项，则农产品价格低落的情势将表示得更剧烈。

但是，如若把一年分季来观察，那情形就完全不同了。民国二十三年第一、第二两季，主要农产品价格跌落的程度，比全年总平均价格还要剧烈，到了第三、第四两季，则显然呈着涨势，尤以第四季为甚。这可说是本年最值得注意的一种表现。兹将近两年的农产品价格，分季比较于后（见表5）。

我们看得出各农产品中，价格涨幅最大的是大米、杂粮：如常熟粳米在第三、第四两季，比民国二十二年同季增高达50%以上，各种杂粮亦都比二十二年同季增高10%或20%。陕西棉花亦是逐季渐涨。和此种倾向完全相反的，只在西河花一项。西河花在第一、第二两季是呈着涨势，到第三、第四两等，则呈着下落的趋势。这也是本年的一种特别现象。

表5　　　　　　　近两年主要农产品价格分季比较表

地名	农产品	第一季 民国二十二年	第一季 民国二十三年	第二季 民国二十二年	第二季 民国二十三年	第三季 民国二十二年	第三季 民国二十三年	第四季 民国二十二年	第四季 民国二十三年
天津	小站米	100.00	78.99	100.00	90.11	100.00	115.02	100.00	91.75
	白麦	100.00	73.55	100.00	72.69	100.00	109.54	100.00	110.92
	元玉米	100.00	75.94	100.00	81.53	100.00	120.98	100.00	121.30
	元小米	100.00	71.45	100.00	78.84	100.00	93.77	100.00	120.34
	红粮	100.00	75.69	100.00	76.51	100.00	109.58	100.00	119.84
	西河花	100.00	119.59	100.00	112.86	100.0	94.10	100.00	90.16
	生米	100.00	80.51	100.00	83.89	100.00	85.50	100.00	113.27
上海	陕西棉花	100.00	91.64	100.0	93.28	100.00	97.48	100.00	107.88
	常熟粳米	100.00	88.25	100.00	105.80	100.00	153.18	100.00	152.12
	徐州花生	100.0	67.97	100.00	67.12	100.00	76.70	100.00	91.73
	牛庄高粱	100.00	78.76	100.00	70.11	100.00	69.83	100.00	111.09
	辽宁玉蜀黍	100.00	73.01	100.00	73.15	100.00	98.01	100.00	119.12
	汉口小麦	100.00	72.30	100.00	68.40	100.00	93.97	160.00	95.80

接着我们要探索民国二十三年的农产品价格，全年的或分季的价格增减原因。这中间的关系当然是十分的复杂错综，一种原因固难解释各种现象，而一种现象，也难用一种原因阐述。现将其中原因，分别略陈于下：

（1）国际倾销的影响。如就全年的趋势来说，农产品价格所以较前几年低落，当然是受了国际倾销的影响。本年农产品的输入，虽比前几年减少（详情见后），但其数值仍是很惊人的。我们如果把几种主要农产品的输入和输出的量值比较一下，便知道外国廉价农产品的输入，所给予农产品价格的影响了。

表6　　　　　　　　本年主要农产品输入输出量值比较

名称	输入 数量	输入 价值	输出 数量	输出 价值
米谷	12753180	66143328	112947	669519
小麦	7689530	31900789	219425	561964
棉花	1923896	90462804	346347	15200879

注：数量以担计，价值以元计。

（2）本国产量的增减。这可说是最大的一个原因，盖农产品与制造品不同，需要方面无多大更易，故其价格的变动，所受需要方面的影响，不如所受供给方面的影响为多。本国产量的增减，实可代表供给方面的最大变动。民国二十三年上期，农产品价格之所以极度跌落，自与二十二年的产量大有关系。盖二十二年的全国产量，虽不如二十一年之多，但比较亦是丰年，则其所给予本年价格，尤其是本年上期价格的影响，自然很大。本年下期，农产品所以又多由跌势变为涨势，很明显的是由于本年产量的锐减。同时，商人预卜年岁荒歉，乃收买并囤积农产品，以便居奇获利，其结果使农产品价格急速上涨，高到其所应高的程度以上。这从前面表5中便可看出。

（3）国际市场的影响。农产品价格的涨跌，不但与本国的产量有关，同时又受国际市场的影响。由前面所述，我们知道各农产品中，产量增加了而仍能维持价格于不跌落者，只有棉花中西河花一项。这无疑的是世界市场的关系。据估计，民国二十三年美国棉产量为9624000包，较上一年减少了3400000包，其他各国的棉产量，虽较上一年增加了500000包，而为13566000包，但全世界棉花总产量仍只有23200000包，较上一年减少了2900000包。产量的减少，当然影响价格的上腾，故美棉价格在本年大为腾贵。西河花系输出供国外之用，则产量丰多而仍能维持价格于不疲者，自然是受了这种影响。

最后，我们可以根据农产品价格的变动，来推测农业经营的盈亏。我们先就民国二十三年上期的农产品价格来说。上期的价格，从表6可知跌落极剧；农产品价格的跌落是表示农业经营利得的减少。因之我们由上期农产品价格跌落的程度，便可推知农业利得损失的大小了。再就本年下期的价格来说，下期的价格，尤其是粮食价格，表示极度的高涨；乍观之，似觉可喜。但我们要认清，这种高涨，不但对于农民毫无利益，更足招致农民的贫困。我们已知道本年为大荒之年，农产收获量大减；大半农民在这时候，不但无所卖，反须有所买，则价格高涨的结果，对于他们是利是害，不问而知。在产量丰的时候，粮价惨跌，在产量歉的时候，粮价飞涨。农民不幸的是，既做了谷贱时的"生产农"，又做了谷贵时的"消费农"了。由此可知本年农产品价格的一跌一涨，不但使农业经营毫无利得可获，且更使农民生计趋于艰难，农业经济的前途，更显着衰弱的征象。历年来，地价渐趋下落，当然表示农业经营的无利可图，以致农民多放弃土地。观乎年来离村人数日多，尤足征信。本年地价的增减，虽无确实的调查，但我们认可推知仍是表示下降的趋势。

二　农业对外贸易

农业对外贸易的大小，一方面可以表示本国农业在国际上的地位，他方面可以表示本国农业所受国际的影响。欲知前者，须追索农产品输出额的增减；欲明后者，须探悉农产品输入额的涨缩。兹就本年的贸易统计，将输出输入分别阐述于后。

（一）输出

民国二十三年的农产品输出量，一般言之，都较上年增加；计小麦由民国二十二年的4万担增加到22万担，米谷由10万余担增加到11万余担，花生由220万担增加到227万余担，豆类由90万担增加到180万余担。棉花则由72万余担减到34万余担，减少一半以上；这是一般情形中的特殊现象。至就输出总值而言，则显然的表示退缩。这种差异的原因，无疑的是农产品价格的跌落。若与民国二十年及二十一年两年相较，则值、量两方面，除少数农产品外，都表示着减退。这当然是由于经济恐慌所招致国际市场日益萎缩的结果。现为比较起见，特将4年来农产品输出的量和值，列表如表7：

表7　　　　4年来主要农产品输出数量及价值比较

种别	量值	年度			
		民国二十年	民国二十一年	民国二十二年	民国二十三年
米谷	数量	100.00	119.38	343.17	373.92
	价值	100.00	79.88	188.83	183.71
棉花	数量	100.00	83.97	91.62	43.85
	价值	100.00	76.61	71.97	36.19
豆类	数量	100.00	45.41	2.15	4.29
	价值	100.00	37.06	2.22	3.23
花生	数量	100.00	74.55	52.93	54.92
	价值	100.00	69.48	40.12	28.40

注：本表输出指数及下表输入指数，均系根据"海关贸易报告"的数字作成。在输出各项中，小麦输出额因受东北被侵占及撤销禁粮外运令之影响，4年增减极剧，相差至数千倍；玉蜀黍、小米输出额，自东北失陷后，亦剧减，几由100降到零；为此，本表将这几项略去。

由表7知输出状况较好的，只有米谷一项。米谷的输出，历年来都表现增加的趋势，尤以本年及民国二十二年增加最速，约为二十年的三至四倍。但米谷的输出价格本年则跌落甚剧，观乎本年的输出量虽较二十二年为多，而值反减少可知。棉花输出，在二十二年表现了好景象。可是到了本年呈示着不景气的情况。此外花生、豆类在量的方面都较二十二年增加，但较二十年及二十一年则又显着退缩的趋势。

现在我们要探索各项主要农产品的输出所以增减的原因。在这里我们得到以下诸点：

(1) 禁止粮食外运令之撤销。民国二十二年十月，政府有撤销禁止粮食外运，准予自由运销，并免征出口税之令，粮食的出口，因之陡然增加。在禁令撤销之先，小麦的出口，数极微小，几等于零，到第四季突增到4万担；米在前三季均各不足万担，到第四季忽增到8万余担。二十三年，米麦输出量均继续增加；米在第一季较二十二年同季增加了5倍，第二季增加了8倍；小麦在第一季为3万2千担，第二季增到4万6千担，第三季又增到8万7千担。观此可知该法令影响之大。

（2）上年的丰收。民国二十三年的农产品输出，有的所以增加者，大半又要归于上一年的丰收。盖将全年分期来说，上期的输出额，均较下期为多。如小麦、小米输出量最多之时，在本年的前二季或前三季，到第三、第四两季则都显着剧烈的低落。大米在第三季仅及民国二十二年同季74.7%，第四季更降到8.5%；花生在第三、第四两季均仅及民国二十二年之60%—70%，小麦在第三季为8万7千担，到第四季降到5万5千担。其中以大米一项，减退最剧，在民国二十二年第三季还未撤销禁止粮食出口令之时，输出尚较本年为多，则知本年上期米出口量的增加，全为上年存米多的结果了。

（3）本年的荒歉。虽然民国二十三年全年的出口额，多较上年增加，但如上所述，这乃是上年丰收的结果，若就本年的产量而论，自必招致输出额的减少。此将本年各农产品的输出量分季比较，便可了然。如前段所示，米谷输出额在第三、第四两季减退甚剧，而我们知道每年第三、第四季为米谷收割上市之时，照理输出应该增加，而事实上乃得其反。这无疑的是由于本年荒歉的结果。由是可知产量不丰，则虽无禁粮外运之令，亦必使输出额大为减退。

（二）输入。本年农产品的输入，无论就值或就量而言，都显着极度的退缩；如米谷由二十二年的2140万担，减到1270万余担，小麦由1770万担，减到770万担；棉花、豆类亦是减少，唯程度极微。这个减低，是近三四年来一般的趋势，看表8便知。

我们由表7、表8，知本年农产品输入额与上一年相较，无不减少，其中以小麦、米谷减少最烈。与民国二十一年相较，除豆类输入增加外，余均减退，并以棉、麦为最，计各在一半上下。这因二十年的水灾，农业损失已极大，故二十一年输入不得不特别增加，此观二十一年为入超最大之年可知。与二十年相较，则只有豆类大增，米谷稍增；棉花、小麦均剧减，仅及当年1/3。

表8　　　　　4年来主要农产品输入数量及价值比较

种别	量值	年度			
		民国二十年	民国二十一年	民国二十二年	民国二十三年
米谷	数量	100.00	209.36	199.62	118.74
	价值	100.00	186.32	150.52	65.57
棉花	数量	100.00	79.80	42.86	41.35
	价值	100.00	67.34	35.23	32.38
小麦	数量	100.00	66.24	77.79	33.77
	价值	100.00.	59.41	64.54	23.37
豆类	数量	100.00	75.73	232.93	171.46
	价值	100.00	79.45	164.14	94.33

我们再看看本年农产品输入所以增减的原因。兹就数项分别叙之。

（1）米麦面粉及杂粮进口税。此税于民国二十二年十二月开始征收，目的在抑制国外粮食的倾销，以维持国内粮食的价格。本年实行的结果，事实上不无相当成效。以本年第一季与二十二年同季相较，米仅及二十二年的59%，小麦仅及51%；第二季更减，米仅及58%，小麦仅及39%。可知本年上期粮食的进口，较诸二十二年同期，已减少40%—50%了。虽然此中尚有其他原因，但我们总可窥见粮食进口税及于粮食输入的影响。

（2）国内的需供情形。农产品进口的多少，当视本国需要的大小而定，而对于粮食及他种原料品的需要，又因国内供给量的多寡致有大小的变动。本年总输入额的减少，及各季输入量的变动，都可用国内需供之情状来说明。现在先说棉花。棉花的输入量，不但全年总额减少，若就各季来说，减低的程度更剧。本年第一季的输入量，还超过民国二十二年同季之1/3，到第二、第三两季则落到上年的95%，第四季更落到只有上年的一半。这有两个原因，一是国内产量增多，本国供给增加了，对外需要自然减少；二是外棉价昂，其结果自又影响对外棉的需要。所以棉花的输入量，遂显示日益减退的趋势。米的输入总额，虽较上年减少，但以前三季减低的程度最剧，到第四季反而大为增加，数为300余万担，虽不如民国二十二年同季之多，但较诸本年第三季之230余万担，已增加70余万担了。这很明显的是由于本年荒歉的结果，粮食不足自给，致对外需要增加。

（3）农民购买力的减低。本年各主要农产品的输入，都表示极度的低落，其中以粮食为最，这除上述原因外，农民购买力的减低，亦不失为一主因。观乎本年空前奇荒，农产损失重大，论理对于国外粮食及他种农产品的需要自大增高，则总输入自亦应增加。乃事实上竟刚相反，各主要农产品中，虽大米一项的输入，于第四季显示增加，而其他各种则仍与前三季相若，可知农民购买力一般的减低，实为农产品输入减少的主要因子。且即就本年第四季大米的输入量与民国二十二年同季相较，前者仅及后者的85%，二十二年本为丰收之年，而其输入粮食反较荒歉之二十三年为多，这情形表示了农民因灾荒致无力购米。盖虽有洋米征税之举，如果农民对于洋米有效的需要甚大，则仍难杜绝洋米的大宗入口。是以民国二十三年，农民虽因生产短乏，对国外粮食有极大的需要，但因收益减损，购买力降低，致此种需要不能成为有效的需要，则农产品输入不能达到相应的程度，自为必然的结果。

最后我们在分析农产品输出输入之后，可以总括地说，本年农产品的输出总额，虽比上一年增加了，但因本年产量剧减的关系，到下期就表现为显然的减退。输入的趋势则刚与输出相反，上期虽然极少，下期则急速增加。但因为一般农民购买力降低的缘故，农产品的输入量仍没有高度的进展。不过，就输出渐减和输入渐增的两种趋势来说，农业贸易的前途，是日趋不利于中国。农产品输出减少，输入增加，在工业国是必然的现象，可是在以农为业的我国，却显然表示为农业的衰落。我们既没有脱去农业经济的阶段，则农业的颓败，实足显示国民经济前途的危机。

三 农民生计

农民生活的裕困，一方面关系农业生产的发达与颓败，他方面则可表现农业经济的兴衰。我们于明了一年来农业生产与农业贸易的实况后，当进而观察农民生活的现状。

在我国目前，因为农家经济调查材料的缺乏，而农家更无收支账项的记载，所以要想研究农民收支，以期明了农家生活的状况，殊感困难。我们只得从另一途径去探讨。一方面从农产量的丰啬、利得的大小和农产品价格的涨跌，去探索农民收入的多寡；他方面从生活品价格的高低，换言之，从农民所购买的必需品价格的高低，去探知农民支出的增减。我们假定农民收支历年来都恰好弥补（事实上农民多是入不敷出，参阅年来农家生活的调查报告便知）。则本年收支的实况，便不难由上述两方面间接追索而得。

农民的收入，在本年可说是大为减少。由农业生产一节中所述，我们知道本年农产品收获量，受耕种面积的缩小，及空前的水旱虫灾的影响，减少甚剧，比前几年差不多减少了1/3；其减低的程度，诚为近十数年所罕见。故在农产品的绝对量方面，农民已受到不可补救的打击了。其次再看看利得方面。利得是农民的纯收益，利得的有无和多寡，不但可表示农民收入的大小，同时因为它是农业投资的泉源，再生产的张本，所以又可用以表示农业生产的发达和衰颓。利得的计算，在目前尚付阙如，所以不能用精确的数字去表示。不过，我们由历来零碎的农场经营调查，实可推知全国的农业经营，净损的实居多数。据民国二十年韩德章氏所作"河北省深泽县农场经营调查"[①]，该县梨元村农场之净损平均为90.16元，南营村则为157.93元，可知我国农业经营亏空之大了。在生产技术尚未改进，每亩产量亦未见增加的情状下，我们实可以说一年来农业经营只是

---

① 《社会科学杂志》5卷2号。

净损的了。再就农产品价格方面说，本年上期价格的惨落，实给农民以莫大的损失；而下期价格，尤其是粮食价格的飞涨，更予农民以直接的威胁。这在前面已经详述，兹不赘。

农民支出方面，我们若就生活品价格来推测，则可断定一年来不但未减少，而反有增加的趋势。我们先看看4年来北平、上海两地生活品的零售价格。

表9　　　　　近4年来北平、上海生活品的零售价格指数

年度	北平				上海			
	粗布	香油	煤油	食盐	粗布	豆油	煤油	食盐
民国二十年	100.00	100.00	100.00	100.00	100.00	100.00	100.00	100.00
民国二十一年	97.54	96.39	92.28	96.21	95.06	91.98	92.12	84.00
民国二十二年	87.36	73.69	70.26	101.12	86.36	90.86	71.36	99.52
民国二十三年	76.82	63.20	72.94	109.65	81.42	66.43	76.04	126.18

由表9知生活品中，除粗布、香油、豆油稍跌外，煤油、食盐都呈现着涨势，其中以食盐为最。本年的食盐价格，北平比民国二十年增加了10%，上海则增加了26%，至于民国二十年和民国二十二年相较，则高涨的程度更剧了。食盐为生活必需品，食盐价格奇涨，无怪乎许多地方的农民无力购盐而改为淡食了。

假使我们把一年来生活品的价格作一分析，则前之所言，更为确切。兹将本年与民国二十二年价格分季比较于下。

从表10，我们显然看得出食盐、煤油、香油的价格都是呈着涨势，仍旧只有粗布、豆油的价格稍跌。表中如煤油一项，各季涨势更剧，从第一季到第四季，较之民国二十二年的第一季到第四季，差不多涨了一半。煤油是现在乡村的一般用品，其价格的奇涨，自予农民生计以莫大的影响。虽然粗布、豆油的价格是跌落了，但以程度过微，故仍不能抵消食盐、煤油、香油等价格的涨势。

表 10　　　　　近两年生活品零售价格分季比较

地名	种类	第一季 民国二十二年	第一季 民国二十三年	第二季 民国二十二年	第二季 民国二十三年	第三季 民国二十二年	第三季 民国二十三年	第四季 民国二十二年	第四季 民国二十三年
北平	粗布	100.00	80.27	100.00	90.54	100.00	89.95	100.00	92.25
	香油	100.00	79.54	100.00	75.80	100.00	86.92	100.00	103.96
	煤油	100.00	69.29	100.00	103.41	100.00	126.61	100.00	137.60
	食盐	100.00	106.26	100.00	111.47	100.00	101.68	100.00	114.46
上海	粗布	100.00	100.00	100.00	90.00	100.00	94.00	100.00	92.95
	豆油	100.00	72.87	100.00	63.66	100.00	75.54	100.00	81.53
	煤油	100.00	71.24	100.00	102.21	100.00	125.79	100.00	132.54
	食盐	100.00	126.15	100.00	135.83	100.00	131.25	100.00	115.77

总而言之，本年农产品不足，农民为购买粮食，已受本年下期粮食价格高涨之苦；现在为购买他种生活品，也受到生活品价格上涨的威胁了。

农民收支的情状，依上文间接推算，可见农家收入有减少的趋势，支出有增加的倾向。此种收支不敷的数额当是日益增大。据最近江宁县化乘乡农家调查的结果，① 即可见农民生计的一斑。

表 11　　　　江宁县化乘乡农家平均收支

每家人口（人）	每家经营田亩（亩）	每家收入（元）	每家农场支出（元）	每家生活支出（元）	收支不敷数（元）
5.32	13.18	112.50	38.82	181.62	103.94

由表 11 平均五口之家，每年生活费支出只有 181.61 元，生活可谓低下。但是即此极低之生活，亦不能维持，因其不敷之数竟达 103.94 元，几与收入额相等。由此可见农民生计是如何的窘迫了。

我们再看看农民的购买力。以生活品价格指数，除农产品价格

---

① 《农情报告》第 2 年第 23 期。

指数，便得农产品的购买力指数，用之可表现农民购买力的大小。从前所述农产品价格剧跌的趋势，及本节前段所云生活品不但只有微跌，并有上涨的倾向，我们可以断定近几年来农产品的购买力是日趋下降的。这种下降的程度见表12。

表12　　　　　　　　近4年来农产品购买力指数

年度	农产品价格指数	生活品价格指数	农产品购买力
民国二十年	100.00	100.00	100.00
民国二十一年	89.76	93.20	96.31
民国二十二年	75.47	85.07	88.72
民国二十三年	70.30	84.08	83.61

注：本表根据的农产品价格指数，系天津、上海两地者；生活品价格指数系北平、上海两地者。农产品价格，都市较乡村为高，程度等于运销费用加上税捐，生活品价格，乡村较都市为高，程度亦等于运销费用加上税捐。所以如果把乡村的农产品价格和生活品价格来测量农产品的购买力，则降低的额度当益剧。

4年来，农产品的购买力下降的程度，殊属剧烈，其中尤以民国二十二年及二十三年为最。二十二年是由于农产品价格跌落极剧的结果，二十三年则是由于生活品价格跌落极微，几乎等于未跌的缘故。二者原因虽不同，而其影响农产品购买力的降低，则是一样。依此表，农产品购买力自二十年至二十三年，四年之间降低了17%。我们由此不难看出本年农民购买力减低的程度。

由农民收支的分析，我们知道一年来农民生活益陷窘状；从农民购买力的剧降，尤可证明农民生计窘困的加剧。我们再用一年来农民借贷的情状，来表示农民生计的陷于困难。

根据中央农业实验所年前所作22省850县的调查，[1] 借钱的家数占全体农家的56%，借粮的家数占48%，可见农家陷于借贷者之多。这虽然是民国二十二年十二月的调查报告，但我们知道农家借债的，实有日渐增加的趋势。李景汉氏曾于"农村高利贷的调查"[2]

---

[1] 《农情报告》第2年第4期。
[2] 《民间》第1卷第14期。

一文中发表民国十八、十九与二十年三年定县5村庄526家的调查结果，内中借债的农家、借款的次数和借款的总额，都是一年比一年增多；以在平教会①积年努力改进下的定县，尚且如此，其他的县份便不问可知了。同时二十三年又为空前灾荒之年，农家借债者增多，自可断言。

借债度日的农民之实际情形，根据调查的结果，② 可以看出以下各点：（一）农村金融的无上权仍操诸地主、商人之手。按农民借款来源分析，24.2%自地主，25%自商人；按储蓄机关分类，农村余资25.6%存于商店，61.2%存于私人（地主、商人）；由此可见农民是挣扎在地主、商人的脚底下了。（二）农民仍处于高利贷剥削之下。据此调查报告，农民借贷的利率，2分至4分的占56.5%，1分至2分的仅占9.4%，至于5分以上的反比1分的为多，占12.9%，由此可见农民呻吟于高利贷压迫之下的苦景了。这虽是本年三月的调查，但是本年农民生计既更为艰难，陷入借债的农家，自必加多，结果农村借贷利率必然更为增高。因此本年农民所受重利盘剥的程度，较往年当更烈。农民生计前途，真令人不堪设想！

（原载《东方杂志》1935年第32卷第13号）

---

① "平教会"乃"平民教育委员会"，是20世纪二三十年代晏阳初先生在河北定县所办的实验区。

② 《农情报告》第2年第11期。

民国二十四年的中国农业经济

我国的农业经济历年表示两种显著的现象：一是农作物产量减少；一是农产品价格跌落。前者主要的是由于国内的灾荒，后者主要的是由于国际商品势力的侵入。到本年，虽然农产品价格一般都较上年增高，但因本年灾荒的奇重，加之洋米麦的大量倾销，则农产品价格的上涨是否就表示农业经济的复兴，对于农业经营与农民生计有否好的影响，颇值得我人予以深切的研究。本文在将一年来我国农业经济所表现的诸种事实，予以真实的陈叙；并对于那些特殊的现象，作一番较详尽的探讨。

一 农业生产与灾害

我国是一个在灾荒中度日子的国家，隔不到一年两年便有一次大旱或一次水灾，而虫害、风雹等灾更是屡见不鲜的事。这种灾害损失的程度愈到近年愈剧。其结果不仅影响农业生产的衰落，而更招致农民的贫困与流亡。

据赈务委员会调查，本年受水灾最剧的，计有扬子江、黄河两流域鄂、赣、湘、皖、豫、鲁、苏、冀8省，被灾面积64904.49平方公里，占8省总面积5%；灾民共20595826人，占8省总人口10%。其中湖北灾情最重，计被灾面积占25%，灾民人数占27%；山东次之，被灾面积占4%，灾民人数占14%；江西、湖南再次之，被灾面积各占2%。灾民人数各占16%与13%。总计财产损失为415701905元，就8省总人口来说，平均每人损失2元；就灾民人数来说，平均每人损失20元。其中仍以湖北损失最剧，计147935000

元，而据武汉大学刊行的《湖北江河流域水灾调查报告》所载，尚不止此数，计为161863000元。本年水灾损失之大，由此可知。

又据中央农业实验所估计①，本年夏季作物稻、高粱、小米、玉米、糜子、大豆等受水旱两灾的损失，计受灾面积（种植面积）共93620千亩，作物损失数量共132345千担，如以每担平均价格4元计算，损失价值共529133千元。受灾的省份有陕、晋、冀、鲁、苏、皖、豫、鄂、湘、赣、浙、闽、粤13省，其中以鲁、皖、冀、鄂、豫、苏6省损失最大。各种作物受水灾损失数量的成数（%），计稻为34%，高粱为37%，小米为40%，玉米为43%，糜子为44%，大豆为47%；受旱灾损失数量的成数，计稻为37%，高粱为37%，小米为35%，玉米为38%，糜子为38%，大豆为47%。损失成数最低亦在1/3以上，且有高达1/2者，灾害损失之巨，于此可见。据同种材料来源，本年冬季作物小麦、大麦、豌豆、蚕豆、燕麦等受旱灾、风灾、病害、虫害及其他霜、雪、雹等灾害的损失数量共计2685263千担，如仍以每担平均价格4元计算，损失价值共10741052千元，较夏季作物损失尤巨。此种灾害遍及全国各省，中以鲁、苏、豫、鄂、冀5省最剧。各种作物，计受旱灾损失数量的成数，最低为19%，最高达32%，受风灾损失数量的成数由8%到15%不等；受病害损失数量的成数亦在11%到15%之间；受虫害损失数量的成数低虽仅2%，而高则达16%；受霜、雪、雹等灾害损失数量的成数，低为13%，高达22%。从这些数字推断，我们知道本年的灾害当是如何的严重！外人常说中国是一块"灾荒之地"，实非过甚之辞。

我国现时的农业经营，论技术的改良是谈不上的，故每亩产量当未较往年增加，而年来国外则商品势力的侵入日剧，国内则苛捐杂税的暴敛如昔，农家则生产要素的缺乏年甚一年，一时自又做不到耕种面积的扩张，所以即令在丰年，生产已难望改进，至一遇空前的灾害，作物的产量自然要极度降低。民国二十三年已是大荒之

---

① 载《农情报告》第3卷第9、11期。

年，本年的灾害不减当年，作物产量之为同等程度的减低可知。其中有几项作物产量且较上年减少，有几项虽较上年增加，但比之民国二十三年或二十一年却仍大为逊色。兹分述如后。

首先说粮食作物。稻（糯稻除外）本年产量为 870537 千担，较上年增加 173685 千担，较民国二十二年则减少 8480 千担，较民国二十一年则减少 69894 千担。本年稻的产量之所以较上年增加，一方面固由于本年稻作物受灾害的损失不及上年重大，另一方面则因为本年稻的种植面积略有扩张。小麦本年产量为 426052 千担，较前 4 年均减少，即较上年已减少 25160 千担。小麦的种植面积，在本年较上年增加 7%，本年产量之所以剧减，当是由于春初小麦主要产区的华北各省遭受大旱。大麦的情形与小麦同。高粱本年的产量为 135551 千担，较上年虽增加 2412 千担，但远不及民国二十一年与二十二年之多。不过，高粱本年的种植面积较上年减少了 9%，而产量却较上年微有增加，总算是比较好的一种现象。小米本年产量为 136247 千担，较民国二十一年与二十二年虽见增加，而较上年却减 1037 千担，这是因为本年的种植面积减少了 3% 的缘故。玉米本年的产量为 136889 千担，仅少于民国二十一年，较民国二十二年及上年均见增加，其中以较上年增加最甚，计 25705 千担。其故在于本年种植面积大为扩张，计较上年增多 12%。总括地说，粮食作物中，除小麦外，余如稻、高粱、小米、玉米等项，产量均较上年增加，但比之民国二十、二十一及二十二诸年则仍不及远甚。其原因主要的可以说是灾荒。

其次论油类作物。花生本年的产量为 44972 千担，较上年减少 7912 千担，较民国二十二年减少 14641 担，减低的程度可谓极剧。这一方面是由于本年种植面积较上年减缩 8%，另一方面则因为本年花生主要产区山东遭受大旱与水灾。芝麻本年产量为 15257 千担，较上年减少 1700 千担，较民国二十二年减少 4011 千担；减低的程度同于花生。油菜籽本年的产量为 49749 千担，较上年减少 1675 千担，但较民国二十二年却远见增加。总计油类作物的产量均较上年减少，论其原因，大部分可以说是种植面积的减缩，小部分则为灾害。

我们再看豆类作物。自东三省被日寇侵占后，豆类产量剧减，但在作物中仍不失一重要地位。大豆本年的产量为 100379 千担，较上年减少 12511 千担，较民国二十一年与二十二年则更为减低。本年产量的减少，虽一部分原因是种植面积减少了 2%，但主要的还是由于本年八月以后的天灾。豌豆本年产量为 66901 千担，较上年减少 1861 千担。蚕豆本年产量为 63443 千担，较上年减少 385 千担。查此二作物本年的种植面积均较上年扩张，计豌豆增加 5%，蚕豆增加 1%，而产量反较上年减少，其故当完全是由于本年的大旱。总观本年的豆类作物，产量亦均较上年减少，但种植面积多较上年扩张，所以我们可以说：这种现象的构成，主要的完全是由于本年的灾害①。

最后我们看看棉花的生产情形。本年全国棉作物，承续着上年的发展，在植棉初期，各省棉田本有增多趋势。讵料到下种时期，黄河流域如山东、河南、河北等省，亢旱不雨，致未能播种的，或已播种而未能发芽的，或已发芽而未能生长的废田甚多；长江流域各省，初期生长虽称良好，惟殆开花之初，鄂、湘等省大告水灾，棉田被淹而成废田者极广。所以本年各省的棉田面积，无不较上年缩减，计冀、鲁等 12 省共为 34939121 亩，较上年减少 22%，本年废田面积由上年的 664140 亩，增到 9625075 亩，增加达 14 倍有余，本年皮棉产量，除苏、皖两省较上年略有增加外，其他各省莫不剧减，计 12 省共产 8197688 担，较上年减低 27%。② 但本年各省总数字，包括上年未曾列入的四川省，计棉田面积 1901746 亩，皮棉产量 448332 担，如除去该省不计，则棉田面积仅为 33037375 亩，较上年减缩 26%，皮棉产量仅为 7749356 担，较上年减低 11%。棉花产量减少之剧，由此更可概见。这实在是本年农业生产中最严重的一个问题。盖棉花生产自上年种植面积大为扩张，产量极度增加后，前途颇有发展的征兆，而到本年却因遭受灾害，致产量不但远不及

---

① 以上各项作物的产量，均系根据中央农业实验所的最后估计；其中夏季作物的最后估计数字，因该所尚未公布，故系直接向该所探得者。

② 棉产数字系根据中华棉业统计会民国二十四年全国棉产最后修正估计。

上年，即较民国二十一年与二十二年亦大为减少，其结果不仅影响到棉农生计的贫窘，而更因棉花占对外贸易之重要地位，将必招致来年出口的减低。

由前所述，我们知道本年的农业生产仍继续陷在衰落的过程中。在上年，因奇重的灾荒，致产量锐减，因国际商品的侵入过剧，致农产品价格惨跌，结果自使农业的再生产难以维持，所以一到本年，种植面积乃有一般缩小的趋势。不幸的是，本年又遭受同等程度的灾荒，致使产量受两方面的影响，减低益甚，我国的农业生产，至此已濒绝境。这种结果，并不能诿之于天时的薄我，主要的实在是由于"人谋不臧"。此中，生产制度与耕种技术的未能改善固为原因之一，而水灾的迭次发生，实不能不归之于社会政治制度的未臻健全。

二 农产对外贸易

我国出口农产，在输出贸易中，向来占极重要的位置，进口农产在输入贸易中的地位虽不如前者的重要，但其增减亦足以影响输入总数的高低。本年我国的总输入，就价值来说，由上年1038979千元减到924695千元，总输出由上年535783千元增到576298千元，入超由上年503246千元降到348397千元。这种现象的构成，可以说主要的是由于农产对外贸易的变迁。所以我们在检讨了农产对外贸易情形之后也就可以明了我国国外贸易的大概。

为简便计，我们在进口农产中选取了4种最重要的农产品，即棉花、米谷、小麦、杂食，在出口农产中选取了10种最重要的农产品，即粮食、桐油、棉花、麻类、生丝、茶、花生、豆类、烟叶、畜产及其副产品等。后面的分析与讨论以此数种为限，其余未列入者以无关重要，从略。[1]

---

[1] 本节各项农产品的输出输入数字均系根据《海关贸易报告册》。

本年 4 种进口农产总值为 165947048 元，较上年减少 23038743 元，减低达 12%；10 种出口农产总值为 234176535 元，较上年增加 40531060 元，增高达 17.3%。进出口农产两相抵销的出超，由上年 4659684 元增到本年 68229487 元，增高达 14.6 倍。其影响于我国本年对外贸易入超的减少，由此可见。本年 4 种进口农产值占总输入值的百分率与上年同，计为 18%，但较民国二十一年与二十二年则大见降低；本年 10 种出口农产值占总输出值的百分率由上年的 36% 增到 41%，打破三年与年俱降的趋向。① 农产进口在总输入中的地位虽未变；而数值却较上年减少；农产出口则不独在数值上较上年增加，且在总输出中的地位有转形增高之势，这些表面上呈现了农产对外贸易的好转，但如就进口农产品个别分析，则知事实上亦有不然者。

输入：本年进口农产中，米谷由上年的第二位跃为本年的第一位，数量为 27928962 担，较上年增加 15421220 担，价值 89562586 元，较上年增加 23877908 元，增高达 1/3②。这是本年农产贸易中最值得注意的一件事。盖我国以农为本，历年民食的大宗均赖外洋输入，其于丧失国家元气已至深且巨，本年米谷进口竟又增高如此之巨，诚令人不寒而栗！作者检讨上年的农产贸易时，曾指出米谷进口在当年第四季，远较前三季增加，并预示到本年有继续增多的趋势，③ 今不幸竟成事实。考本年米谷输入的剧增，其要因当是上年的荒歉。盖上年荒歉的结果，使粮食价格在当年冬令与本年开春时极度上涨，粮价上涨自诱致外米谷进口的增加，故虽自民国二十二年冬征收洋米、麦进口税，但因价格高涨的程度超过此限，致进口税完全失去抑止输入的效力。米谷进口以上海最多，占 1/2 有余，此因上海何为米谷的集散市场之故。本年米谷来源以安南（今越南——编者）最多，数量较上年增 1 倍强，占全额 6/10；暹罗（今泰国——编者）次

---

① 参看王子健《民国二十三年重要农产品输出入贸易鸟瞰》，载天津《益世报·农村周刊》第 58 期。该文所列进口农产中未包括杂粮，出口农产中未包括粮食与畜产，故数字方面当有差异，但增减趋势则是一致的。

② 原文如此。

③ 见张培刚《民国二十三年的中国农业经济》，载《东方杂志》第 32 卷第 13 号。

之，数量同于上年，占全额 3/10 弱；印度、缅甸又次之，数量虽较上年增加 2 倍，但在全额中仍不过占 1/10 强而已。

小麦进口亦较上年增加，计数量 10418174 担，增加 1119336 担，价值 34887254 元，增加 3018083 元，其在进口农产中仍旧保持着第三位。小麦输入增多的原因同于米谷，同样表示我国粮食问题的日趋严重。进口小麦仍以上海最多，其故在于面粉厂多集中上海，对小麦之需要最大。输进国家，美国在上年居第一位，今则降为第三，数量只及上年 1/60；澳洲则由上年的第三跃为本年的第一、数量增加达 9 倍；阿根廷较上年微有增加，仍保持第二位。美国小麦进口在本年所以特少，当是因为上年该国产量减少，计由民国二十二年的 528975 千英斛减为当年的 496489 千英斛。① 各种杂粮进口量值则均较上年减少，计本年价值为 583779 元，较上年减少 601566 元，减低一倍有余。但因其在进口农产中不居重要位置，故影响极小。

棉花在进口农产中的地位由上年的第一降为本年的第二，计本年输进数量 551804 担，较上年减少 615692 担，价值 40913429 元，较上年减少 59333168 元；减低在一半以上，这和本年米谷输入的增加有同等值得注意的必要。考其原因：一是我国上年棉产丰多，使本国供给增加；二是本年我国纱业衰落，致对外棉需要减退。关于前一个原因我们对照前节所述上年乃我国棉产最丰之年便可知道，关于后者试一考查本年棉业情形便可明了。据华商纱厂联合会发表之《二十四年中国棉业统计》，本年各纱厂销用花衣总数为 2358383 包（每包 500 磅），较上年减少 153301 包。其中销用的中棉为 2054042 包，反较上年增加 102447 包，结果自使销用的外棉更为减少。计本年销用美棉 173157 包，较上年减少 153879 包，销用印棉 95701 包，较上年减少 110704 包。美、印为我国棉花进口的主要来源，我国对于外棉的需要既形减退，其进口数量自然降低。此观本年美棉进口为 551804 担，印棉进口为 425924 担，较上年均减少 1 倍以上可知。

---

① *Yearbook of Agriculture*, United States Department of Agriculture, 1935.

总之，农产输入的情形，不但未能表示我国农业经济的渐趋好转，且更表示我国国民经济的愈入穷途。盖米谷与小麦进口的增加，实足加重粮食问题的严重性；而棉花进口的剧减，虽半由国内产量增多，但纱业的衰落亦大有影响，则可断言。

输出：本年10种出口农产中，较上年增加的有粮食、桐油、棉花、生丝、花生、畜产及其副产6项，较上年减少的有茶、豆类2项，与上年相若的有麻类、烟叶2项。增加的农产就价值来说以桐油与生丝最大，就比率来说以粮食最高。兹依次叙述如下。

首先说出口较上年增加的农产品。粮食在我国输出贸易中向不居重要地位，总计上年荞麦、高粱、玉蜀黍、小米、米谷、小麦及其他杂粮出口价值不过1734825元，数目微小可知。到本年，此数项粮食的出口合计虽较上年增加4倍强，计价值共7358105元，但仍不能占出口农产的主要位置。其中除玉蜀黍、小麦较上年减少，米谷与上年相若外，其他各项均见增加，中复以小米增加最剧，计由上年的1054担增到1353532担；高粱次之，由上年的2384担增到270574担。各项粮食以输出日本、朝鲜者最多。桐油本年出口数量为1477730担，较上年增加172058担，价值为41582879元，较上年增加15366196元。桐油为我国川、鄂、湘、赣、浙诸省特产，主要为军事之用，历年以输往美、英、法、德诸国为多。本年一方面因我国植桐各省产量增加，他方面因各国扩张军备，对桐油需要猛晋，故本年桐油出口激增，不但在农产对外输出中最为重要，且进而占总输出贸易的第一位。棉花本年出口数量为629838担，较上年增加211020担，价值为21732316元，较上年增加6531437元。棉花出口增加的原因有二：一因我国上年棉产量为打破纪录之年，国内供给增多，而需要未能同等增进，自刺激输出的增加。二因国外需要增高，盖日、德、美诸国年来在纺织上以及在军事上对棉花的需要均极度增进，此观本年棉花对该三国的输出激增可知，其中尤以对日、德出口增加最甚。生丝本年出口总值为35679013元，较上年增加12159263元，计增加1/2强。本年生丝出口虽未恢复往年的优越地位，即较民国二十二年的4800余万元，仍相差1300余万元，但其打破年来与年俱衰的趋势，总算是一种可喜的现象。因此苏、浙衰落已久的丝业，经此一刺激又见兴起。但生丝出口的增减，固以海外需要的大小为转移，而更须视其与日丝竞争力的强弱为决定，今后能否在国际市场继续与日丝争一日之长，当视国人努力的程度如何而定。花生本年出口数量，如将带壳花生与花生仁合并计算，共为3226670担，较上年增加477354担；价值共为19601750元，较上年增加7230177元。花生以荷兰为主要销售国，法、意次之。本年出口的增加，主要原因当是上年产量的增多。畜产及其副产本年输出总值为56320725元，较上年增加2036106元。其中畜产（包括牛、猪、家禽、绵羊、山羊及其他牲畜）出口为8126458元，较上年减少787480元。猪鬃出口计数量97960担，较上年增加13834担；价值16224805元，较上年增加1097650元。蛋类出口为31909462元，较上年增加1665936元。

其次论茶与豆类。茶本年出口总值为29624184元，较上年减少7474365元。我国茶的销用国，上年以非洲的摩洛哥居第一，英第二，苏俄第三，美第四。本年对摩洛哥的输出固较上年增加，而对其他3国的输出则大见减少，中以对英减退最剧，对苏俄次之。所以6年茶的销用国虽仍以摩洛哥居首，但英则降为第三，苏俄因减少较缓升居第二，美则历来销用数量极少，故仍居第四。本年茶对英与苏俄输出之所以剧减，不外是我在该两国的市场为日本所夺。豆类（包括蚕豆、绿豆、赤豆、黄豆、白豌豆等）本年的出口总值为5255005元，较上年减少1698765元。这一方面是由于我国上年大豆产量剧减，他方面则因为英、美、意诸国对我国豆类的需要减低，中以意为甚，计由上年的1211928元，减到本年的268679元，减少达3/4。所幸对日输出增进，计本年为2071867元，较上年增加几达1倍，故豆类总输出值尚未剧减。

麻类本年出口数量为528648担，价值为9778943元。其中火麻输出较上年增加，苘麻与苎麻则较上年减少，三者总计与上年相若，不过微见减少。烟叶本年出口数量为 271390 担，价值为 7243615 元，与上年相若，亦仅有极轻微的减少。

由上知本年的农产输出，除茶仍表示衰落，豆类因东三省被日寇侵占后不居重要地位外，其他各项则均表示增进而有好转的趋势。本年各项农产输出的位次就价值来说，计桐油由上年的第三位跃为第一位，生丝由第四位进居第二，蛋类由第二降为第三，茶由第一降居第四，棉花仍保持第五，花生由第七升为第六，猪鬃由第六降为第七，麻类与畜产各保持第八与第九，粮食由末位进居第十，烟叶由第十降为第十一，豆类由第十一降居末位。（因畜产及副产一项分开为畜产、猪鬃、蛋类三项，故共计十二位。）

总观本年农产输出的变动，国内外供需的变迁当为主要原因。撤销粮食出口禁令及征收洋米麦杂食进口税等法令，虽于本年粮食输出的增加有若干影响，但在输入方面因国内对米麦需要增加，故米麦进口反呈剧增之象。但我人仍不能抹杀法令的效力，盖如若对米麦不征收进口税，则其进口必将较此更为增多。此外对于输出入的增减，还有一个很重要的因素，那便是本年十一月所采行的新货币政策。因为币价较前低落，换言之，即对外汇价较前降低，故颇能阻抑输入而促进输出。此观进口方面：米谷、小麦在本年十一月与十二月的进口数量均较前数月减少，其中米谷在十一月虽较上年同期为多，但十二月则远较上年同期为少；至小麦则本年两月均远较上年同期为少；同时出口方面：粮食中之小米、米谷、小麦及桐油、棉花、麻类、花生等项，在本年十一月与十二月的出口数量则或较本年前数月为多，或较上年同期为多可知。

三　农产品的价格

农产品价格是农业经济的中心问题；因为从价格的探讨，不但可以知道农业生产的兴衰，如佐以农用品价格的分析，亦可以推测农民生计的裕窘。近数年来，农产品价格都是与年俱降，上年仍继续着这种趋势。到本年，虽然极少数的农产品价格是较上年跌落，但大部不仅是较上年增高，且较民国二十二年尤过之，这实在是一桩值得注意而颇令人感觉兴趣的现象。本节就几项主要农产品价格，探索其涨落的原因，并推测其可能的影响。节末附述农用品价格的腾跌，借以明了农产品购买力的增减及其对于农民生计的影响。

为要使代表性较大，我们特选用都市的农产品价格及乡村的农产品价格两种。关于前者，我们选定上海的市价，这因为上海是我国农产品主要的集散市场，选取种类计有常熟机粳米、无锡丝茧、祁门红茶（上等）、河南火车豆、山东花生仁、汉口小麦、陕西棉花、大号鸡蛋等。[①] 关于后者我们因为利便，且为要代表另一个区域，特选用河北肥乡县的市价，计有小麦、谷子（小米未去皮壳的俗称）、玉蜀黍、红高粱、黑豆五项，及无极县的市价，计有籽棉、棉、花生三项。[②]

本年农产品中，价格较上年增高的有大米、小麦、谷子、玉蜀黍、高粱、花生、豆类、丝茧等项，其中除丝茧一项增长的程度仍不及民国二十二年的价格外，其余则概较该年为高。价格较上年减低的有棉花、茶、鸡蛋等项。兹分别述之。

大米价格在上年已较民国二十二年为高，本年更较上年腾贵。上年常熟机粳米每担价格为10.4元，本年涨到12.3元，增高达1/5，不可谓不剧。米价如此的高涨，充分表现我国粮食供给的缺乏。且正因国内价格高涨，始能招致洋米的大量进口，此观前述米谷本年输入较上年剧增可知。本年小麦每担价格，计汉口小麦3.8元，较上年涨0.5元，较二十二年涨0.4元；肥乡小麦6.7元，较上年涨2.2元，较二十二年亦涨0.9元，虽较二十一年犹见低落，但本年增高的程度也总算剧烈的了。肥乡谷子每担价格为4.3元，较上年涨1.1元，较二十二年涨0.7元。肥乡玉米每担价格为4.8元，较上年涨1.6元，较二十二年涨1.0元。肥乡红高粱每担价格为4.8元，较

---

① 根据税则委员会的报告资料。
② 根据中央研究院社会科学研究所所作的乡村物价调查。

上年涨1.7元，较民国二十二年涨1.1元。花生价格，计无极花生每担价格为3.9元，较上年涨1.0元，较民国二十二年涨1.1元，山东花生仁每担价格为7.3元，较上年涨2.2元，较民国二十二年涨0.6元。豆类价格，计肥乡黑豆每担为5.0元，较上年涨1.8元，较民国二十二年涨0.3元，河南火车豆每担为3.8元，较上年涨0.8元，较民国二十二年减低0.3元。

总计上述粮食作物与油类作物，除大米价格是承续着上年的涨势外，其余各项价格则都打破近年来的跌落趋势，且上涨的程度，除河南火车豆外，均高于民国二十二年的价格。这实是本年的一种特殊现象。此种腾涨是否即农业经济复兴的征兆呢？这里我们因为缺乏关于全国农业生产要素价格如地价、工价、耕畜价格及农具价格等的调查材料，单据农产品价格不能作剀切的回答。不过，当我们进而考查上述诸种农产品价格增高的原因时，便会明了此种现象并不能表示农业经济的复苏。作者在《民国二十三年的中国农业经济》一文中，曾归结到，上年农产品价格一般的下跌，主要的是受了民国二十二年丰收的影响，同时由分季比较的结果看出自上年下期后粮食价格已呈上涨之势，并指出农民做了谷贱时的"生产者"与谷贵时的"消费农"的痛苦。从这里我们一方面很可明了产量的丰歉和价格的涨跌有极密切的关系，另一方面知道农产品价格尤其是粮食价格的上涨，如不得其时，反足予农民以无穷之害。本年上春，一般农产品价格，尤其是粮食价格，承续着上年下期的增高趋势；到本年下秋，因灾象已成，收获大歉，农产品价格不仅未见若何退缩，反有更为上涨的倾向。上年与本年的大荒，致作物产量平均减少达1/4，这可说是本年一般农产品价格上涨的主要原因。所以本年大多数农产品价格的增高，不但未能表示农业生产的转形发达，且因大荒之后，粮食价格的飞涨，反足予农民生计的前途以莫大的威胁。

丝茧价格在本年稍见回头，但较之民国二十二年仍有不及。本年无锡丝茧每担价格为95.3元，较上年涨12.6元，较民国二十二年仍相差19.1元。丝茧价格的增高，主要的是因为国外需要增加，此观前节所述本年生丝出口数量远较上年增加可知。此外国内丝茧出产数量因年来丝业衰落而渐形减少（如本年无锡各丝厂多感原料缺乏之苦），当亦是助成丝茧价格上涨的次要因素。不过，本年丝茧价格虽转趋上涨，但因本年蚕农出茧数量太少，故其惠益恐未能普及到一般的蚕农；且涨高的程度仍远在民国二十二年以下，则蚕农是否真正受益，尤成问题。

我们再考查价格跌落的农产品。陕西棉花是继续着近3年来跌落的趋势，计棉穰价格每百斤34.4元，较上年减低1.0元，较民国二十二年减退1.9元。无极棉花所表示的情形稍有不同，是由上年的涨落而转趋跌落，① 计籽棉价格每百斤10.4元，较上年降低1.4元，而与二十二年相若，棉穰价格每百斤为27.0元，较上年降低3.3元，较二十二年亦降低0.4元。棉花价格的跌落，主要是因为上年棉产有打破纪录的丰收。且正因为价格的低下，所以一方面能促进大量的输出，另一方面使华商纱厂销用中棉的数量增多（参阅前文所述），但其给予棉农的损失，则又不容忽视。茶的价格经上年一度上涨后，本年又形下落。祁门红茶本年每担价格为109.7元，较上年减低6.4元，惟较二十二年高9.4元。茶价格的涨跌和国外市场需要的大小颇有关系。上年茶出口量较二十二年增加，故价格亦较二十二年涨高，本年茶出口量较上年减少，故价格亦较上年低落。二者间的关联，显然可见。鸡蛋继续上年的跌落趋势，计本年大号鸡蛋价格每千个为15.1元，较上年跌0.7元，较二十二年则跌7.7元，降低达一半。价格的低落自能刺激输出，此观本年鸡蛋出口较上年增加可知。唯鸡蛋为农家重要的畜养产品，其价格的跌落不利于农民则又不待言。

总之，本年农产品价格，大多数较上年涨高，少数较上年低落，比较上最堪令人注意的为各项粮食价格的突涨与乡村棉花价格的转趋下跌。此外丝茧与茶的价格之一涨一落，亦值得我人注目。总考

---

① 关于上年陕西棉花价格与西河花价格相互差异的原因，请参看《民国二十三年的中国农业经济》一文。

农产品价格腾落的原因，国内供给与国外需要的变迁均居重要，此由前述年来本国产量的增减及对外输出的多寡和价格间有着密切的关系可知。但尚有二原因不容我人忽视的，其一便是本年年底新货币制度的颁行，此影响当时一般物价尤其是粮食价格的上涨颇大；其二便是农产品价格的调剂机关未臻普及，致农产品价格的一涨一落，均极剧烈，对于农民收入支出的影响匪轻。

现在我们分析本年农用生活品价格的变迁。同样我们还用上海市价和河北肥乡县的乡村市价。本年调味品油的价格，计上海豆油每斤为0.127元，较上年涨0.038元；肥乡香油每斤为0.244元，较上年与民国二十二年涨0.065元；二者涨高程度颇剧。调味品盐的价格，计上海盐每斤为0.100元，较上年涨0.001元，较二十二年涨0.022元；肥乡小盐每斤为0.058元，较上年与二十二年均涨0.016元，涨高程度较上海为甚。煤油价格，计上海每斤为0.134元，较上年涨0.014元，较二十二年更见腾贵；肥乡每斤为0.159元，较上年涨0.039元，增高程度亦远较上海为剧。布匹价格，计上海粗布每尺0.084元，较上年稍跌，计降0.002元；但肥乡白洋布则较上年微涨，计每尺0.024元，较上年涨0.003元。综上所述，知农用生活品价格，除上海粗布外，其他莫不上涨；中以燃料品煤油与调味品香油、豆油上涨最剧，而乡村价格涨高的程度较都市尤甚。盐在上海的价格增高虽极微，但在乡村则腾涨颇剧，此点更值得我人注意。

最后我们看看本年农产品购买力的变动。在本年以前的4年，因为农用品价格跌落的程度远不及农产品价格跌落之剧，所以用农用品价格指数除农产品价格指数的结果所表示的农产品购买力指数是年复一年的降低，如以民国二十年为100，则民国二十一年为96，民国二十二年为89，民国二十三年为84。[①] 本年农产品价格固然一般都上涨了，但是农用品价格一般也都涨高。依据河北省的乡村市

---

① 参见《民国二十三年的中国农业经济》。

价，以民国二十一年的价格为100，则农产品价格总指数在民国二十二年为78，民国二十三年为73，本年为91；农用品价格总指数在民国二十二年为84，民国二十三年亦为84，本年为109。其中农产品价格总指数本年较上年增高的程度不及农用品价格总指数之剧。所以农产品的购买力指数，如仍以民国二十一年为100，则民国二十二年为93，民国二十三年为87，本年为83。[①] 故知本年仍继续着降低的趋势，特程度较前数年稍缓耳。

农产品价格较农用品价格更为跌落的情形下所表示农产品购买力的降低，固然使农民因销售亏折而感受生活的困苦，但若农民处于购买者的立场，反可蒙价格低廉之利。至于本年的情形则大有不同，虽然农产品价格涨高了，乍观之似对于农民颇有利，但事实上则因农家收获在上年遭受空前的荒歉，存粮无多、本年灾害不减上年，而遭受水灾之区蒙祸较上年尤重，农家更无余粮可知；因之农民既无所卖，价格可涨之利云何？再者，农产品价格的上涨，不但于农民无利，且因大荒之后，农家反须购买粮食，致遭"谷贵伤民"的痛苦。同时本年农用生活品价格不仅较历年增高，且上涨程度一般还在农产品价格之上，其给予农民双重打击之剧，更不待言。

（原载《东方杂志》1936年第33卷第8号）

[①] 农产品价格总指数、农用品价格总指数及农产品购买力指数，均根据肥乡县与无极县的乡村市价计算。

民国二十五年的中国农业经济

一般言之,民国二十五年的中国经济,确实走进了新的阶段,表现了好转的征兆,这种现象可自农工商各业及金融、财政、贸易等各部门观察而出;其著者如新币制之建立,物价之上涨,外汇之稳定,债信之增高,一般农产之丰收,工业生产之增加,商店倒闭之减少,对外贸易的逆势之缓和等是。经济现象彼此都是关联着的,因为一般经济景气之增进——至少是不景气的减退,所以一年来的农业经济多少也表现着好转的趋势。最显明的表征,便是农产相当的丰收与农产品价格的高涨。因此许多人,在言谈或笔述时,对于这一年度的情形表现了极高度的乐观。我人虽不反对这种乐观的态度,但觉得在未将真切的事实细加分析以前,过分的乐观也是不当的。本文之旨趣,一方面在将一年来的农业经济情形正确地指示出来,一方面在探索各种现象构成的原因及其可能的影响,最后就中央及地方政府关于农业经济的诸种建设工作,略为评述。

一 农业价格的变动及其因子

表现农业经济的兴衰,最显明的现象是农产品价格及农业生产要素价格的涨落。所谓生产要素的价格,包括地价、工资、耕畜与农具价格,及其他农业资本与农场设备的价格等项;合此种价格与农产品价格而称之,便是农业价格。据传统的理论,各项农业价格的变迁,大抵有一定的关联与步骤,其中关系最密切的为地价、工资与农产品价格三项,这是因为前两者是最重要的生产要素,后者是推进一般生产要素价格变动的主动力的缘故。在常态中,农产品价格变动在前,地价变动在后,换言之,后者变动较前者为迟滞;至于工资则变动比较平稳,其长期趋势是向上的。现在试就我们所能得到的地价与工资数字及几种主要的农产品的价格,分析于下,并探述各项价格变迁的原因,以期明了本年度农业经济的总趋势。

A. 地价:关于本年度的地价,我国无系统的统计数字,现在我们所能援用的,只是河北省三河、无极与肥乡3县的报告数字,① 浙江省嘉兴、嘉善、平湖、吴兴、长兴、安吉、金华、兰溪、武义、绍兴10县的调查数字,② 及湖北省黄安县南乡的调查数字③。虽然调查的范围不大,但因这三种数字代表的区域,分布在华北、华南及华中3个区域,所以也许可以借此窥测出全国的情形。现将3年来的地价(原调查及报告的数字,本将田地分为上中下,今为简便计,只示其平均数),列示如表1。

表1　　　　　　近三年来平均每亩地价　　　　　单位:元

		民国二十三年	民国二十四年	民国二十五年
河北3县		—	32.8	40.2	61.5
浙江10县	水田	32.7	33.4	34.1
	旱地	19.6	19.9	20.2
湖北黄安	水田	23.4	30.2	35.0
	旱地	21.0	25.0	29.3

据历年的调查,自民国十九年(有的自十七年、十八年或二十年)后,地价即开始跌落,民国二十三年达于低点,民国二十四年

---

① 此项数字是该三县合作社按时报告于中央研究院社会科学研究所者。
② 此项数字是作者民国二十五年夏秋在浙江调查者。
③ 此项数字是作者委托该县小学负责人调查者。

渐行回涨。今由表1，知民国二十五年地价仍继续上年的涨势,[①] 其中河北3县涨势最剧，3年间几达1倍；湖北黄安县次之，民国二十五年较之二十三年，水田与旱地价格均增高约1/3；浙江10县上涨程度极微，唯所示上涨起势则系一致。

考诸地价增减的因子，最重要者当是农产品价格的涨落。因为农产品价格上涨，在生产费不变的情形下，必表示农业经营的利润增大；在我国，因为农业经营与农家生活不能予以显然的区分，故农产品价格的上涨，必表示农家经济的盈余差额将增大或亏损差额将减少，其结果或是农业经营的投资增多，或是农家生活程度的提高，而一般言之，则是二者并行的。农业投资增多之一端，便是对于土地的需要增大，结果使地价增高，反之如农业价格下落，则所得结果与此正相反。在民国二十四年，大多数农产品的价格均回涨,[②] 本年农产品价格亦然，且上涨程度极剧（见后述），依前述理论，自然诱致土地价格的增高。因此地价的增减，不但常在农产品价格之后，且因土地的固定性与收益的缓慢性，使地价的增高趋势不如农产品价格之速，又因各地有其特殊的环境，致异区地价相差的程度，远较农产品价格为大。此外影响地价增减的因子，尚有农村的安定与紊乱、税捐的轻重、都市利率的高低诸端，因篇幅所限，不及细述。

B. 工资：我国关于农村工资的统计，更为零星稀少，现在所能援用者，亦唯与前述地价同一来源之数字而已。近年来工资的增降情形如表2。（原调查及报告数字，亦将工资分为最高、普通、最低三等，表2所示，为三等之平均数。）

近年来工资变动的趋向与地价相若，即民国二十三年以前的几年都是与年俱落，至二十四年回涨，二十五年继续着此种趋势，前

[①] 在本年，有些地方的地价呈示跌落现象，如"豫省通讯：豫省二十五年地价跌3/10，教育款产处税收实增，超过过去20万元以上，然系变态，前途可虑"（见民国二十六年二月五日上海《大公报》）。此种情形是否就代表豫省一般的现象，同时这消息的来源是否确实可信，因未实地调查，无从推断；姑志之以待来证。

[②] 详见《民国二十四年的中国农业经济》。

面说过工资的变动本较平稳,故近两年工资的增高程度亦不若地价之甚。表中浙江10县工资变动极为缓和,固因地价变动亦甚缓,不必深论;而河北3县与湖北黄安县,则工资的上涨,均较地价迟缓,故知此种事实与理论符合。

表2　　　　　　　　近3年来的平均长工每年工资　　　　　单位:元

	民国二十三年	民国二十四年	民国二十五年
河北3县	28.2	32.0	36.0
浙江10县	50.7	51.3	52.4
湖北黄安	26.3	28.0	35.0

影响工资增减的原因,与地价一样,最重要者也还是农产品价格的涨落;所以农产品价格和工资相互的关系,正与农产品价格与地价的关系同,因为农产品价格的上涨,在常态下,既影响到农业投资的增多与农家经济的较裕,其结果,前者自招致雇佣机会的增加,即对于劳动者需要的增加;后者自使农民能够维持相当的生活,阻止农民离村或贫农沦为雇农的现象发生,简言之,使劳动的供给减少。两方面综合的力量,都招致工资的增高。因之工资在民国二十四年回涨,二十五年继续增高的这种现象,是跟随农产品价格变动趋势的,其理至明,不待多述。除此而外,影响工资增减的,尚有农村安定与否及城市工业工资的高低等因子。

C. 农产品价格:农产品价格的涨落可视为农业经济兴衰的表现,同时又为招致地价、工资及其他生产要素价格增减的主动原因。这里,我们选择上海的市价(共计8种农产品),[①] 及河北肥乡县的市价(计小麦、谷子、玉米、红粱、黑豆5种农产品)与无极县的市价(计花生、籽棉、棉穰3种农产品)[②] 分析之。因为本文只在探述农产品价格涨落的趋势,故仅列示指数如后,其实数则不及焉。

---

① 根据上海《货价季刊》及上海《物价月报》的数字折算而成。
② 根据中央研究院社会科学研究所调查的乡村物价数字。

表 3　　　　　　　　　近 5 年的农产品价格指数

（民国二十一年为 100）

		民国二十二年	民国二十三年	民国二十四年	民国二十五年
上海	常熟机粳米	73	90	106	90
	汉口小麦	84	81	95	124
	河南火车豆	88	64	83	121
	山东花生仁	75	57	81	110
	陕西中棉	96	93	91	114
	无锡丝茧	104	75	87	105
	祁门红茶	65	74	71	65
	大号鸡蛋	89	62	59	77
河北	小麦	65	51	75	101
	谷子	74	66	89	113
	玉米	71	60	89	121
	红粮	71	61	95	134
	黑豆	71	48	76	107
	花生	83	86	115	155
	籽棉	93	106	93	116
	棉穰	94	104	93	111

由表 3 知民国二十五年除少数农产品如大米、红茶外，余均表示涨高的现象。在这些价格涨高的农产品中，又除棉花、鸡蛋是由跌转涨外，余概系接续二十四年的涨势。民国二十五年涨高的程度极剧，除鸡蛋外，莫不超过二十一年的价格，其中尤以无极花生、肥乡红粮、汉口小麦、河南火车豆、肥乡玉米数项为甚。两种跌落的农产品，计常熟机粳米降到民国二十三年的价格，祁门红茶降到民国二十二年的价格，可说是本年的特殊现象。

农产品价格变动的因素，最为复杂错综，不易探索。今先述一般农产品涨价的原因，然后再就两种落价的农产品述之。本年度农产品价格一般上涨的原因，要而言之，不外以下数端：

（1）新币制的施行：在币制改革以前，因为各国采行货币贬值政策，致我国对外贸易大受影响，又因银价上涨，致现银源源外流，国内则物价低落，工商凋敝；政府筹思再三，乃于民国二十四年十一月三日，毅然颁布改革币制紧急命令，放弃银本位，实行外汇本位制，以期对外稳定汇价，对内安定物价，新币制实行后，对于稳定金融，提高物价，实有相当功效，观乎一年来一般物价之上涨可以知之。如上海躉售物价总指数，二十四年为96.4，二十五年增为108.2；华北批发物价总指数，二十四年为95.5，二十五年增为110.6（均以民国十五年为100）。农产品价格及批发价格中之最重要者，其必受币制改革的影响而呈示上涨，自不待深论。

（2）春荒与秋旱：民国二十五年虽为我国农产丰收之年，但究其实际，并不如一般宣称之甚，我人试一细读各地农村通讯，便知本年上期的春荒与下期的秋旱，分布的范围既广，灾害的程度亦不轻，其中仅扬子江流域江、浙等外数省份未罹重害而已。关于灾害，下节将予论述。我人所须认清者，即二十五年不但并非十足之丰年，且许多省份尚感荒歉，即在稻作丰收之区，亦有春荒秋旱之苦，在此种情况下，自也诱致农产品价格的增高。

（3）国外非常的采买：年来各国备战甚急，对于战时所需之物，无不尽量收买贮藏。其中最显著者为粮食，因为各国大量的囤积，乃影响到世界粮价的上涨，而世界粮食中，最重要者为小麦，故我国小麦价格亦步随世界市场而涨高，观下述本年度小麦出口大增便知个中的关系。至小麦以外的其他各种杂粮，虽非国外所需用，但为国内之重要粮食，且为小麦的代用品，明乎此则知杂粮价格亦必与小麦价格表示同一趋势。其次为棉花，棉花为制火药必需之物，各国竞相扩充军备，棉花价格因需要增加而涨高。我国棉花价格的增高，除上述原因外，尚有两端：其一为日本在华北大量收买，实行经济掠夺；其二为美国国内需棉甚殷，输出减少，遂使中棉有起色。这证明下述的本年棉花进出口情形，便可明了。

（4）国内的囤积：新币制实行后，对于商人心理上的影响甚大，大多认为纸币增发，通货膨胀，与其储存货币，不如囤积实物。这种囤积，尤以粮食最为普遍。除商人外，一般较富裕的农业经营者，亦受此种心理的作用，或延迟出售期限，或自行囤积待价。这些对于一般农产品价格的上涨，都有相当的关系。

（5）仓库的效用：年来仓库已较普遍，通都大邑莫不增设，即在乡镇亦有创立者。商人、业主、地主、农民等既有此等供给金融便利的机关，同时又受纸币政策心理上的影响，致原本要即刻脱售者，至此亦延缓之。其效果固大半在调剂季节变动上的差异，但对于全年变动亦有相当影响。

本年度有两种农产品的价格较上年低落，一为大米，一为红茶。茶价之变动与国外市场关系较大，如民国二十三年茶出口增加，故价格亦上涨；至二十四年两者俱落；本年茶出口虽未减，但茶市仍无起色，而尤以对苏联输出减少殊甚，故红茶价格且较上年降低。大米价格与国内收成最有关系，如二十年大水灾，二十一年米价便上涨；二十一年收成较佳，二十二年米价遂跌落；二十三年大旱荒，故二十四年米价再度回涨。至于二十四年收成尚属良好，本年收成在7成以上，较上年更佳，其必影响到米价之跌落，理至浅显。

二　农业生产与农产贸易

A. 农业生产：民国二十五年为我国比较丰收之年，除少数作物外，一般则产量都较上年增加，较二十三年增加尤甚。据中央农业实验所估计，冬季作物中除蚕豆、油菜籽，夏季作物中除玉米、甘薯、芝麻较上年减少外，其他莫不较上年增加，其著者为稻、小麦、棉花、高粱、大豆数项，增加率由10%到20%不等。见表4。

表 4　民国二十五年的农产估计量及当十足年之百分比

		产量（千市担）	当十足年之百分比（%）	
			民国二十五年	民国二十四年
	冬季作物			
一	小麦	461555	64	57
	小麦	162748	68	65
	豌豆	69096	63	59
	蚕豆	62253	64	65
	油菜籽	49572	63	65
	燕麦	18036	63	59
	夏季作物			
二	籼粳稻	895601	74	70
	糯稻	90959	74	68
	高粱	155198	72	64
	小米	139621	66	64
	糜米	31928	64	59
	玉米	122239	63	66
	大豆	123113	64	51
	甘薯	378204	68	69
	花生	54052	66	59
	芝麻	18466	63	65
	烟草	12600	65	59
	皮棉	21058	64	54

资料来源：本表数字均依据中央农业实验所的估计。其中冬季作物据最后估计，夏季作物据第二次估计。

考本年农产增加之原因，不外每亩产量之提高与种植面积之扩张二端。前者主要由于天时的顺调，后者系人为的力量。各种农产的变迁情形，最值得我们注意者为棉花。本年皮棉产量，据中央农业实验所第二次估计为 21058000 市担，合旧制 17641950 担，另据中华棉业统计会最后修正估计为旧制 14468288 担，计前者估计数约高于后者 18%。但不论两者如何相差，而较之上年莫不表示极大之增加，就中华棉业统计会的估计言，亦增加47%。这种增加的速率，真是本年农业生产上值得大书特书之事。唯其原因亦不外两端：一为种植面积扩张，计棉田面积本年较上年增加率，中华棉业统计会的估计为60%，中央农业实验所的估计为22%；二为每亩产量增加，此由本年度皮棉产量的增加率远较棉田面积的增加率为高，可以知之。年来棉田面积的扩张，以华北数省最甚，本年亦然，其原因实由于日本企图在所谓"开发华北"的口号之掩蔽下，垄断华北原棉，传闻日本陆、外、拓三省和兴中公司已经确定华北植棉五年计划，此项计划果真实现，则华北便成了邻邦棉纺织业最好的原料供应市场了。随棉花价格的上涨而扩张棉田面积的这种现象，对于棉农自然多少有些利益，但另有几种影响，却是不可忽视的。作者曾调查河北清苑县棉田面积在民国二十三年、二十四年的扩张情形，而论其影响谓："第一是民食问题更加严重。我国粮食每年多赖进口供给……今农田面积既未扩张，而棉田面积增大，粮食作物的面积必然相对减少，其结果必招致粮食产量的减低。……第二是农产商品化的程度加剧。……农家所出棉产，并非为自织自穿，而完全贩卖于小商人，转售于国内外。这一点表示农产商品化的色彩渐渐浓厚，其所受世界经济联系的影响亦渐增大，我国农民将因随时要受世界市场的波动，而获得更深一层的痛苦。"① 这用之以论述本年棉田扩大的影响，仍旧适合。

　　本年作物收成虽较上年为佳，然以各省平均，仅当十足年之六成或七成，即较常年亦有逊色。推究其故，盖因本年当作物生长季内，虽无严重的水旱灾情，但就各省分别而论，丰收实仅限于局部。常人不察，遂据此以推断全国的生产情形，竟谓年成在十足以上，诚不切事实之谈。据中央农业实验所的调查，本年春季作物所受灾害有旱灾、水灾、风灾、病虫害诸种。各种冬季作物中，受灾害最大而损失最重者首推小麦，约当本年产值量的22%；次为豌豆、蚕豆，各当16%；再次为大麦，当14%；轻者为燕麦，当4%。夏季

---

① 见张培刚《清苑的农家经济》（中），《社会科学杂志》第7卷第2号。

作物的受灾损失统计，虽犹未得见，但衡诸本年的灾害情形，恐与前者不相上下。除此种系统的数字外，尚有许多关于春荒秋旱的农村通讯，综合这些报告，知本年遭严重春荒的有皖、冀、鄂、豫诸省，遭秋旱与水灾的有蜀、豫、皖、黔诸省。① 灾害较轻者，仅少数省份如江、浙等是。故知所谓丰收，不过少数省县产量较上年略有增加而已，我人实不能过于乐观。

B. 农产贸易，民国二十五年我国输入总额为 941544738 元，输出总额为 705741403 元，均较上年增加，入超额为 235803335 元，较上年减少，此因本年输入的增加额不及输出者大之故。本年农产输入总额为 75458743 元，较上年减少一半以上，农产输出总额为 293507501 元，较上年增加约 30%，农产出超额为 218048758 元，较上年增加 3 倍有余。农产输入占总输入之百分率，由上年之 18% 降为 8%；农产输出占总输出百分率，由上年之 41% 增加为 42%。因此我人可谓本年总入超额之减少，大半由于农产输出入的关系，故本年的农产贸易实表现好转的现象。兹就农产的输入与输出，分别论之。②

（1）输入：这里所包括的农产品为棉花、米谷、小麦及各种杂粮 4 项。本年各项农产品的输入数值，除杂粮外，其他莫不较上年减少，尤以米谷、小麦为甚，就数量来说，前者减少达 3/4，后者减少在一半以上。所以输入农产品的地位，就价值来说，上年以米谷居首，棉花第二，小麦第三，杂粮居末；本年小麦与杂粮的位次仍旧，而米谷则降为第二，棉花进居首位。输入总值由上年之 165947048 元，减至 75458743 元，这未始是一种好的转变。详见表 5。

考本年农产输入额减少的原因，第一由于近两年来国内收成尚佳，无须多赖国外供给。如米谷一项，因为近两年国内收成好，故国米价格本年较上年跌落，而洋米输入价格本年反较上年增高（据表中数字，以数量除价值，计上年洋米输入平均每公担价格约为 6.9

---

① 见天津《益世报·农村周刊》"每周农情述要"（第 104—152 期）。
② 本节统计数字均系根据民国二十五年十二月海关《进口贸易统计月报》。

元，本年约为 8.6 元）。在此情形下，自可阻抑洋米之进口。其次由于世界各国，或因做非常准备，或因经济好转，遂大量囤积与购买。故如重要原料品的棉花，主要粮食的小麦，价格均高涨，这当然要影响我国输入的减少。至于杂粮一项，数值均微，其增减原无一定因子，故不具论。

表 5　　　　　　　近两年农产输入数量与价值统计

	数量（公担）		价值（元）	
	民国二十五年	民国二十四年	民国二十五年	民国二十四年
棉花	406904	548622	36149799	40913429
米谷	3103485	3964481	26736147	89562586
小麦	1168093	5209087	11848499	34887254
杂粮	58544	30605	72729	583779
总计	—	—	75458743[①]	165947048

（2）输出：这里包括桐油、花生、棉花、麻类、生丝、茶、粮食、豆类、烟叶、畜产及其副产 10 项。为简便计，仅论其价值。如表 6 所示，本年各项农产品输出价值，除花生较上年减少达一半外，其余则均较上年增加，中以桐油、棉花、豆类、畜产及其副产诸项增加率最高，麻类次之，至生丝、茶、粮食、烟叶诸项，增加率极微小。合而言之，本年农产输出总值，由上年之 234276535 元，增到 293507501 元。

农产输出增减的原因，主要的自是国内的剩余供给与国外的不足需要的双重作用关系。桐油大部分输到美国，次为德、英、法诸国。近年来美国虽极力扩张植桐面积，但因各国对桐油之需要甚为殷切，至缓不济急，同时我国植桐面积因价高利厚及政府之提倡亦日行扩张，所以本年桐油输出激增。又就数量言（上年输出 738865 公担，本年 867383 公担），增加率不及价值者大，由此知本年桐油

---

① 原文如此。

输出价格远较上年为高，棉花以输于日本占大部分（输出总数为368426公担，日本占258463公担），由前述本年棉田面积之极度扩张与皮棉产量大量增加，以及日本企图垄断华北原棉市场的种种计划，便知本年棉花出口之所以增加，尤其是以输于日本者增加最甚之原因何在。除日本外，则以输于美国为多（72639公担）。本年输美数亦较上年增加，其原因仍不外：（一）军火工业之需要增加，（二）经济略见好转，棉纺织业发生新的需要，此外输出增加的其他各项农产品，或因变动甚微，或因增加率虽大而输出量甚少，故略。本年输出减少者，殆惟花生一项，其原因固由于国外需要减退，但主要的实由于上年因山东遭受大旱与水灾。我国花生产量远较以前诸年减少，计较民国二十三年减少16%，较二十二年减少32%，此证以近年来花生价格之与年俱涨，便可明了。

表6　　　　　近两年农产输出价值　　　　单位：元

	民国二十五年	民国二十四年
桐油	73378654	41582879
花生	10938861	19601750
棉花	28197719	21732316
麻类	111715916	9778943
生丝	36712870	35679013
茶	30661711	29624184
粮食	9790860	7358105
豆类	8277628	5255005
烟叶	8980148	7243615
畜产及其副产	74853134	56420725
总计	293507501	234276535

三　农产购买力与农民生计

在农用生活品的价格不变而农产品价格涨高的场合，或两者都涨高而后者较前者为甚的场合，均足以提高农产购买力，使农民生计较为宽裕，关系农民生计裕窘的因子甚多，而农产购买力的升降则为其一。兹先述农用品价格的涨落情形，并以之与农产品价值相较以推测本年农产购买力的变动；然后再就农家收支、农家副业及农民离村各方面，观察农民生计的实况。

（1）农用品价格：关于农用品价格，为便于与前述农产品价格对照，我们仍选定上海市与河北肥乡县的价格。① 据表7，本年农用品价格大都表示上涨，仅河北肥乡县的小盐价格较上年减低，白洋布价格未有变动，但两者较之民国二十二年与二十三年仍高。上涨最剧者为豆油与香油二项；煤油价格的变动，在二十二年与二十三年，城市与乡镇一致，至二十四年与本年，则乡镇价格上涨程度远较城市者大。上海食盐价格与年俱涨，本年较二十一年增高达1/3有余；至河北小盐价格则与此不一致，其原因是小盐为河北农家的副业出产，因之构成大盐的代用品，故其价格变动的趋势与大盐不同。

农用品价格上涨，所给予农民生计的影响甚大；因为如农家收入未增加，其必使农家的生活享受减退。这点作者在论述前两年度的我国农业经济状况时，都曾详加讨论，读者自可参考，兹不赘述。

（2）农产购买力：以农用品价格指数平均所得的总指数，除农产品价格指数平均所得的总指数，便得农产购买力，此种推算，难免粗疏，不过示其大致趋势而已。为要与上年比较，故先就上年所用的同种材料来源，即前述河北的数字，做成表8。

就河北省的乡村物价而论，本年农用品价格总指数虽较上年增高颇剧，但因农产品价格总指数较上年增高更甚，故农产购买力较上年增加，由83升为95。自民国二十一年后，河北农产购买力与年俱降，至二十四年而达于低点，本年则一反落势而转行增高，当然是本年值得庆幸的一个现象。这因为农产购买力的提高在理论上言

---

① 资料来源见本文"农业价格"一节。

之，必将招致农民生计的改善，增加农家生活的享受。

表7　　　　　　　近5年来的农用品价格指数

（民国二十一年为100）

		民国二十二年	民国二十三年	民国二十四年	民国二十五年
上海	食盐	120	152	154	160
	豆油	100	73	95	142
	煤油	77	80	89	97
	粗布	92	87	85	101
河北	小盐	89	89	123	111
	香油	83	82	112	171
	煤油	78	80	106	129
	白洋布	84	84	96	96

表8　　　　　近5年来河北省农产购买力的变动

（民国二十一年为100）

	民国二十二年	民国二十三年	民国二十四年	民国二十五年
农产品价格指数	78	73	91	120
农用品价格指数	84	84	109	127
农产购买力	93	87	83	95

但我人却要注意：第一，表8所示，只是河北省的情形，至多只能代表华北区域，因为大米是南方的主要农产，而大米价格本年反较上年跌落，表8既未包括此种农产品，自难表示华南诸省的情形。第二，小盐既为农家的副业产品，则其价格的变动给予农家经济的影响，自与普遍农家购买的生活品大异其趣，且即在华北农村中，食用小盐者仍不及大盐多，故表8多少必抑低农用品价格的上涨趋势。因此我们再就前述上海市的价格列表如表9。

据此所得结果，则与前者大不同，农产购买力却较上年减低，由84降为82，此因依上海市价，农产品价格的涨高率不及农用品大的缘故。但这与前者并非矛盾，因为农用品价格的增减趋势，两者相同，而农产品中，则因本年大米价格较上年跌落极甚，华南既以稻作为主，自必招致一般农产购买力的降低。如以此表代表稻作区域，则知华南农产购买力的变动与华北颇不一致，在农家经济的他种因子相等的场合，又可推知本年稻作区域内农家生活的享受程度，和杂粮区域不同，不但未较上年增高，且相反的更较上年减低。

表9　　　　　　　　近5年来上海农产购买力的变动

（民国二十一年为100）

	民国二十二年	民国二十三年	民国二十四年	民国二十五年
农产品价格指数	84	79	89	103
农用品价格指数	97	98	106	125
农产购买力	86	80	84	82

（3）农家生活：考查一定时期内农家生活的裕窘，最简便的方法当然是研究农家收支在数额上与比例上的变迁。无如这种有系统的及有连续性的材料，在我国尚无从获得，所以我们只能从其他各方面去推测。首先是从农产品价格与农用品价格方面。如前所述，本年农产品价格较上年增高，在作物经营收入占农家总收入七成或八成的现状下，自然可招致农家收入的增多。自然，这只是就有余农产品出售的农家而言，至对于仅足自给或不足自给的农家，则或无利，甚且有害。我们再从农家支出来观察。因为农场支出大多只占农家总支出一成或二成，农家生活费则常在八成以上，所以从前述本年农用生活品价格的腾贵，便可窥知本年农家为要获得生活上与往年同等的享受，其支出必较前增加，如因收入无从增加致支出亦不能增加时，则农家只有减少生活上的享受，这样便招致生活程度的降低。

其次是从农村副业方面观察。副业收入占农家总收入由一至二成不等，至关系农家经济颇大，尤其是中小农家，其不以副业进款为收支不敷的挹注。近年来我国农村副业，实有日渐衰落的趋势。中央农业实验所曾于民国二十四年年底及本年年初，作全国农村副业调查，除帮佣、割柴草、兼业小商贩 3 种表示兴盛外，所余各种，如养蚕、养蜂、养鱼、纺纱织布、编草鞋草绳、编织草帽辫、制土砖、兼业木匠、兼业裁缝，莫不表示衰落。①且细考前三者之所以兴盛，亦正因后者衰落，致资本缺乏，劳力过剩有以致之，试观察各副业之性质便知。另据各地农村通讯，亦知本年副业之衰落。兹略举数则，以见一斑。"a. 河北任丘县土布业衰落——该县纺织土布为农村主要副业产品，销售于山西省及邻近各县。迩来因受洋布影响，土布乃日趋没落，县城原来布店林立，今则倒闭殆尽，至为萧条。b. 河北玉田县乡村手工业衰落——该县手工业以土布、苇席为主，近年因销场缺乏，致一落千丈，昔日业者凡四五千户，今则不过数十户，工人大部失业离村。c. 豫省农村副业衰落——豫省各县农民，多于春冬农暇之时，兼营榨油、制粉条、纺织土布、编草帽辫、编柳具、制大香、做纸炮等副业，借以辅助家计，故农民生活之充裕与否，全视副业品销路之畅滞为转移。近年来，外货大量倾销，影响所及，致农村副业日趋衰落，陷于不可收拾之状态。"②

因为本年副业的衰落，农用生活品的昂贵，以及春荒秋旱，结果必使中小农家的生计陷于穷困，农民相率弃田离村。据统计，上年全家离村之农家占总户数 5%，仅青年男女离村之农家占总户数 9%；其原因是灾害者占 37%，由于农产歉收、副业衰落、捐税苛重，致生计困难者占 30%。③关于农民离村的情形，虽无系统的数字，但据报告所载，农民逃荒离村者仍多。此因本年就一般而论，固为比较好转之年，但因历来元气损伤过甚，兼之本年丰收亦仅限于局部，故中小农民的生计一时自难望改善耳。

四 政府的建设工作

近年来政府对于农业之改进与农村之设施，颇为致力，本年工

---

① 见《农情报告》第 4 卷第 7 期。
② 天津《益世报·农村周刊》，"每周农情述要"第 104—152 期。
③ 见《农情报告》第 4 卷第 7 期。

作尤多。要而言之，可概分为下述诸端。①

（1）农业技术。在中央机关方面，负技术之改良与推广工作者，为中央农业实验所与稻麦改进所，本年工作多在作物良种之推行方面。如改良稻种之推行，在苏、皖、湘等省"帽子头"等良种之推广已达265900亩，共用种子33900斤；良种示范农田在苏、皖、湘3省达23县。棉种之推广，因全国经济委员会之协力，在苏、鄂、冀、豫、陕、甘等省推广美棉计2676000亩，较去年增多1388000亩；现在斯字第四号棉种已普及华北，德字第五三一号棉种则大量向长江流域推广。其他如小麦及各种杂食品种之改良，化学肥料之推行，均在进行中。除中央而外，各省市多自行设立农作改良场，推广优良品种。如浙江在民国十九年，便设立稻麦改良场，负责改进稻麦种业。民国二十五年，将纯系稻推广范围扩充至10万亩（上年仅5千亩），双季稻除上年已推广9万余亩外，本年更另选适当地域，扩充7万亩。湖北在民国二十四年春，设立棉产改进处，计民国二十五年在襄阳、宜城、谷城及天门等县，推广良种共13.5万余亩。此外各省，虽推进成效有所不同，但工作之性质类皆如此。

（2）农产运输。关于农产运销之改良与便利，近年来国人既渐注意，政府亦渐看重。本年此项工作尤见增多。兹举其荦荦大者略述于下。

a. 铁道运输之改善与运价之减低：关于改善运输方面，有本年五月铁道部的训令，命各路局到秋冬时，宜尽力设法将所有车辆移供农产品之运输，以求迅速。关于减低运费方面，则先后有京沪、沪杭甬（宁波）铁路，将上年运输粮食特价办法（按五等减除15%收费）延长1年；京沪、沪杭两路与江南铁路商定，对于米、麦等之运价，江南铁路概按五等普通价减去46%，两路部分减去20%；津浦铁路与京沪路会订运输黄油特价办法，以路程之远近而定减费

---

① 本节材料，多系根据《实业部月刊》第2卷第12期论文与各期农业消息栏，及各省市经济刊物，报章零星记载，等等。

率之大小；粤汉铁路对于运至粤境各站之米谷，均按五折收费等。

b. 运销之改良：如鄂省设立农产整理运销处，负责施行米、麦、棉、麻、杂粮、豆类、桐油、茶业等之整理、分级、包装及仓储之改进事项，并接受各合作社专厂商之委托代理运销。皖、赣两省府及全国经济委员会农业处，为改良红茶对外输出，特组织皖、赣两省红茶运销委员会，其任务在指导红茶种植之改良，介绍贷款及保证信用，便利运输与推广销路等。

c. 合作运销：如中央棉产改进所运销总办事处等商定陕、晋、冀3省棉花合作运销办法——社员合作运销，七成付款与合作社单独运销，十足付款两项。苏省办理萧县之酥梨、葡萄与砀山之秋桃等水果合作运锦。在沪销场颇盛。

d. 运输统制：如财政部于年底成立全国粮食运销局，拟在长江沿岸及近海各镇市建立粮食仓库，以调剂粮食之供需，可谓国营运销事业之先声。皖省准备于短时期内，将农业仓库遍设成功，期于年内实行米麦之统制运销；该省又试办统制茶叶运销；先就祁红试办，如有成效，即推行全皖茶区。浙江筹设粮食运销处，并拟举办桐油、棉花之集中运销。豫省拟订粮食出境暂行办法，规定凡在该省购运粮食者，须持有购运者所属省、市政府核发之购买证，上载明购运货名、数量、起运车船及运往地点，方能采购起运。赣省南丰，为谋统制运销，发起组织蜜橘运销合作社，尽量收买，并封锁客商采办，禁止客运出口，俾能统一运销，提高售价。

（3）农业金融。近年来因资金集中都市，致乡村金融日益枯竭；但工商业未能积极兴起，银行界遂苦于过剩资金无处投放，故在"资金归农"的口号下，不得不转注目光于农村。本年在中央及地方政府与银行界合作之下，农业贷款事业更见发展。兹择其要者述之。

a. 农本局之成立：实业部在本年上春即开始筹设农本局，经与银行界磋商再三，并征询各省市当局之意见，遂于9月15日召开第一次理事会，拟定规章，于10月初农本局正式在南京成立。该局固定资金与合放资金共定6千万元，由政府与银行各认半数，五年拨足；并视客观之需要如何，再随时由该局与银行界协定流通资金之多寡。该局进行计划纲要分为：一、改进及调整农事生产，二、提倡建设农村合作金融机关，三、造成农业仓库网，四、促进农产运销。此项任务由该局之农资、农产两处分别负之。

b. 农业仓库之筹设：本年中央及各省对于农业仓库及设置，极为重视。如中央方面，农本局正拟计划，完成全国仓库网，预定将农仓分为甲、乙、丙、丁 4 级，总容量为 2 亿市担，共需经费约 1800 万元。又全国经济委员会与财、实两部会商，即着手完成全国十大农仓（设于重要市镇），建筑及储积金定为 500 万元。各省方面，本年以苏、浙、皖、赣、鄂、闽等省筹设最为积极。苏省办理农仓储押本已有成绩，本年更向江苏省农民银行借款 15 万元，另建新仓 10 所。浙省有成立全省仓库网计划，并已向中国农民银行借款 40 万元，作为建筑基金；至流动资金则由中国农民银行、中国农工银行及中国银行三行分别贷放，总额约 300 万元。皖省拟定建设农业仓库计划，由京沪银行界投资 400 万到 600 万元。赣省向中国银行、中国农民银行及江西裕民银行三行商借 600 万元，举办农仓。鄂省拟于年内设简易农仓 1200 所，举办农产品储押贷款，总额定为 100 万元，由中国农民银行承借。闽省亦向中国银行及中国农民银行两行借款 225 万元，筹设农仓。此各省之农仓，除江苏外，虽尚未具规模，但进行之努力则系一致。

c. 农村贷款之扩充：此项贷款包括投放于农业生产之农业贷款及投于中小农之农民贷款。投资者和往年一样，大都为银行界，如中国银行、交通银行、上海商业储蓄银行、中国农民银行、中国农工银行、浙江兴业银行、金城银行、大陆银行、江苏省农民银行、江西裕民银行、浙江地方银行等，此外尚有各省的省银行及县农民银行；团体组织有上海中华农业合作贷款团与"二十五年江浙春期收茧收款银团"。除银行而外，则为邮政汇业储金局，及各省行政机关。放款种类可分为：土地抵押放款（中国农民银行在筹办中）、青苗放款、储押放款、运销放款、凿井放款、种子肥料放款、动产抵押放款、农民保证放款诸项，其中储押与运销放款多为对米谷、棉花、丝茧、茶、蔗等农产品贷放者。贷款区域遍及苏、浙、皖、赣、鄂、湘、粤、冀、鲁、陕、甘、蜀、黔等省。本年农贷数额，我人虽未获得确定统计数字，但据作者综合报章所载计算所得的结果，共 6000 万元左右。但这些都是就各银行预备放款之数额而言，至实际放出额则在此数以下，如上海各银行所组织的"二十五年江浙春期收茧收款银团"，虽预定放款 3000 万元，但实际上仅放出千余万元；自然，另一方面也有实际放出额较预定为多者，但究属少数；因之假定除去预定过高额 1/3，则本年农贷实额或在 4000 万元左右。较之上年各银行的农村贷款额 2300 万元，[①] 增加甚多。

（4）农村合作。我国农村合作事业年来扩张极速，社数与社员数增加之速率，较欧美倡导合作之先进国家实有过之而无不及。但因过去仅注重量的增多，忽视了质的改进，遂致流弊丛生，而尤以信用合作为甚。本年则大多数省份渐注意质的提高。如浙江在民国二十四年八月，共有合作社 1793 社；但自该年九月合作社法颁布后，省建设厅即锐意改进，重行登记，将组织不健全者予以淘汰，故到本年仅有 600 余社，裁去 2/3。此外各省亦多实行严格登记，虽社数增加之省份仍多，但已不如上年之速矣。

本年农村合作之改进，最要者为行政指导之统一。过去指导合作社之机关，不说中央无一切实负责之组织，而各省之合作行政更属紊乱。同一合作社，往往须接受两三个以上之机关的命令，比如省建设厅、供给资金之银行，所在地之党部（当时的国民党党部——编者），倡导合作社的社会服务机关，便常常是同一个合作社的上司，流弊因此而生。本年实业部成立合作司，如指导有方，合作行政自可渐趋完整。次要者为普及合作教育，从事人才训练，以求技术方面之改进；及筹设合作金库，以充实合作基金两项。

一年来政府的建设工作，略如上述。我人认为今后政府应注意

---

① 见吴承禧《民国二十四年度的中国银行》，《东方杂志》第 83 卷第 7 号。

下述诸点：

第一，树立农民的信心，并要求无害于农民。现在大多数农民常不信任政府的改革工作，即就技术的改进而论，作者于民国二十五年八月在浙江的一个纯系稻推广区调查时，便亲耳听见一个农人说："……政府发给我们改良种，同时不要钱，自然是好；但是就我们往常栽植普通稻种时，大都有八成的收获，而去年我这一家的田都栽植了改良稻种，收成只有两三成，我一家今年吃饭便成问题。"由这点我们觉得当局似乎应该先做到两点：第一把推广区的土壤、气候、水利等自然环境调查清楚，是否宜于栽植改良种；第二不仅白给种子，对于收成的损失亦应有相当的赔偿保证，或按各家农田比例推广，以免发生农民生计问题。否则如有害于农民，自难获得他们的信任。

第二，兼顾中小农民的利益，防止乡绅商贾操持。现时政府施行的农业仓库、农村合作及农村贷款，或仅为城市商人所利用，或为乡绅、地主所操纵，中小农民反被排斥在外。如农业仓库多无小额储押，农民无从问津，农村合作为有产者把持，低息贷款之利反为他们所享；农民借款多要保证，于是发生以低息借进而以较高利率贷出的中间人。凡此都是今后应予彻底改善者。

第三，由中央统筹办法，免去省自为政的浪费。我们承认各省政府应有相当的独立权力，但有些事情如农产运销的调剂这种工作，如听凭各省甚至各县去禁止入口或出口，则其结果会更阻抑农产的自由流动，丧失区域间的调剂功能。我们试看关于粮食一项，大部省县都本诸自己的利益打算，统制粮食的供需，这就国民经济的立场来说，实应严加取缔，而由中央统筹办法。（关于这点，行政院于民国二十五年十一月第289次院务会议已通过实业部提议之"食粮调节暂行办法"，据此各省应一律停止禁运。）此外的各种改革工作，也应由中央示其原则与方针，使各省可在相当范围内，据其特殊的环境，在实施的程序与方法上稍加变更。

以上所言，只是指明现在政府的设施上所应加改善之点；至于欲图全国农业经济之昭苏，固然要系于一般经济组织之演进，但也待诸一个对外有保护作用，对内含改造性质的农业改策之产生，此则我人切望于政府者。

（原载《实业部月刊》1937年第2卷第4期）

中国农村经济的回顾与前瞻

自从民国二十年的大水灾后,我国农村经济的崩溃,日趋显著。其实崩溃的因子,并不始自近几年;只不过愈到近年,国内灾害的程度愈深,国外商品势力的侵入愈剧,因而加速农村的破败,加甚农民生活的贫窘。近年来朝野的改良运动,虽呼声极高,和者甚众,行之亦颇力,但因根本的因子未能铲除,"头痛医头,脚痛医脚",自难收实效。可是,我国的农村经济,就是这样一蹶而不能复振了吗?究竟近几年崩溃的真相是怎样?崩溃的因子是什么?前途又将如何?这些便是本文所要讨论的。

最能表现农村经济的兴衰的,便是地价与工资的涨落。近几年来我国各地地价与工资的跌落颇剧,足证农村经济是与年俱衰。就手边所能得到的材料,试先引用近年来河北省定县与保定的地价,以见增减趋势的一斑。

表1　　　　　近几年定县的每亩地价　　　　单位:元

年份	水田 上等	水田 中等	水田 下等	旱田 上等	旱田 中等	旱田 下等
民国十九年	136	79	49	78	46	23
民国二十年	118	71	39	69	40	21
民国二十一年	93	59	30	51	30	15
民国二十二年	60	38	24	43	24	13
民国二十三年	40	20	17	29	18	8

资料来源:《定县经济调查》一部分报告书,民国二十三年,河北省县政建设研究院印行。

定县地价与年俱降之剧,由表1可知。在民国十九年以前,地价是逐年增高的,故可推知该县的农业恐慌从十九年后便正式暴露了。我们再看保定(清苑县)的情形(见表2)。

表2　　　　　　　近几年保定的每亩地价　　　　　　单位:元

	上等地	中等地	下等地
民国十七年	100	65	30
民国十九年	60	37	20
民国二十一年	35	25	10
民国二十三年	40	30	25
民国二十四年	50	35	18

资料来源:见张培刚《保定的土地与农业劳动》,天津《益世报·农村周刊》第91期。

保定地价在近几年来的跌落趋势是和定县一致的。不过去年保定地价却呈现着微涨,这种现象,是否全国皆然,我们因缺乏其他地方的材料,难予断定。但据诸上表所引原文所载,该县去年地价的增高,是由于近年来农家棉田扩张,对于土地的需要增大所致。因此在其他的省县,或无此种需要,或因灾害致农民放弃土地者加多,则地价的继续跌落,当是可以推知的。

其次看工资。工资所表现的涨落趋势是和地价一致的。据同种材料来源,定县与保定长工工资的增减情形如表3:

表3　　　　　　近几年定县的长工每年工资　　　　　　单位:元

	最高	普通	最低
民国十九年	56	42	26
民国二十年	54	40	25
民国二十一年	49	39	23
民国二十二年	39	31	18

长工每年工资跌落之剧已如上述,短工每日工资在近年降低更甚。见表4、表5:

表4　　　　　　　近几年保定的长工每年工资　　　　　单位：元

	熟手工人	普通工人	生手工人
民国十九年	50	30	16
民国二十一年	35	25	15
民国二十四年	30	20	10

表5　　　　　　　近几年清苑县的短工每日工资　　　　　单位：元

	通常	秋收	拔麦	割麦
民国十九年	0.28	0.29	0.53	0.51
民国二十四年	0.16	0.17	0.25	0.21

资料来源：见张培刚编《清苑的农家经济》，《社会科学杂志》第7卷第1期。

地价与工资的跌落，表示农业经营的无利可图，放弃土地的农民日多，失业与离村人数日众。因之土地的集中愈形显著，雇农阶级日益增加。农村经济的崩溃，遂成为不可掩饰的事实了。

我国农村经济崩溃的原因，是我们进一步要分析的。由于我国农村经济的特殊性，我们明显地看得出这原因不外二端：一为国内的天灾与人害；二为国外经济势力的侵略。现分述如后。

天灾在近年来给予农村损失的巨大，诚令人不可想象。民国二十年的大水灾，据赈务委员会调查，受灾区域凡16省，就中尤以皖、湘、豫、赣、鄂、闽、浙、冀、粤、苏10省为重，而苏、皖、赣、鄂、湘5省，因地滨江淮，受灾最烈，豫、浙2省次之。此7省受灾最剧的县数共计290县；被灾面积共32万平方公里，占7省总面积的33%；被灾人口共4330万人，占7省总人口的26%；被淹田亩共1.277亿亩；财产损失共15.753亿元。据国府主计处调查，该年皖、苏、鄂、湘、豫、鲁、赣、浙8省遭受水灾农户共858万户，占8省总农户的26%。又据中国银行调查，该8省被灾农户共1410万户，被灾田亩共2.117亿亩，作物损失共4.5亿元。当年水灾之严重，由此可见。民国二十一年虽为灾荒较轻之年，但亦有13省告灾，其中重者为吉、黑、晋、陕4省，较轻者为豫、皖、赣、甘、青、冀、湘、鲁、粤9省。民国二十二年则灾荒较上年为重，尤以水灾为最。据赈务委员会调查，受灾区域计有15省476县，灾情种类有水、旱、蝗、风、雹、霜诸种。单河北省长垣、东明、濮阳3县，被灾人口便达62万人，被灾面积达472万亩，财产损失总计2.1亿元。灾荒损失之大，并不亚于民国二十年。民国二十三年的大旱更属空前。据中央农业实验所及赈务委员会调查，被灾区域有苏、浙、皖、鲁、豫、鄂、湘、赣、冀、陕、晋、闽、粤、桂、渝、黔、甘17省758县；受灾田地面积共37000万亩，占总面积的47%；受灾作物有稻、高粱、玉米、小米、棉花、大豆等项，平均损失量占常年收获量的24%。该年水灾亦颇重，据赈务委员会调查，受水灾区域共14省283县，被灾田地面积共3100万亩，占总田地面积5%。此外尚有蝗虫为害，据中央农业实验所调查，受蝗灾区域计有苏、皖、冀、豫、鲁、浙、湘、鄂、陕9省195县，被灾面积共1600万亩，作物损失共计约1300万元。民国二十四年则同时遭受大旱与水灾，程度较前之各年均剧。据赈务委员会调查，该年受水灾最剧的，计有扬子江、黄河两流域鄂、赣、湘、皖、豫、鲁、苏、冀8省，被灾面积共64904.5平方公里，占8省总面积的5%；灾民共20595826人，占8省总人口的10%；财产损失共计415701905元。各省中以湖北灾情最剧，山东次之，江西、湖南再次之。又据中央农业实验所估计，该年夏季作物稻、高粱、小米、糜子、玉米、大豆等项受水旱两灾的种植面积共9362万亩，作物损失数量共13234万担，如以每担平均价格4元计算，损失价值共529133千元。受灾的省份有陕、晋、冀、鲁、鄂、湘、赣、浙、闽、粤等13省，中以鲁、皖、冀、鄂、豫、苏6省损失最大。各种作物受水灾损失数量的成数，最低为34%，最高达47%。据同种材料来源，该年冬季作物小麦、大麦、豌豆、蚕豆、燕麦等项受旱灾、风灾、病害、虫害及其他霜、雪、雹等灾害的损失数量共计26亿8526万担，如仍以每担平均价格4元计算，损失价值共107亿4005万元[①]。此种灾害遍

---

① 原文如此。

及全国各省,中以鲁、苏、豫、鄂、冀5省最剧。各项灾害给予作物损失数量的成数,由10%到32%不等。今年春雪为害,各地冬季作物已蒙极大损失,且因雪雨过多,到夏季洪水泛滥之灾能否幸免,犹难逆料。从这些数字知道我国真是一块"灾荒之地"。灾荒所招致的结果,其一是农产量的减少(见表6、表7),其二是农民的流亡。

表6　　　　　　　　近几年来主要作物的产量　　　　　　单位:千担

	民国二十年	民国二十一年	民国二十二年	民国二十三年	民国二十四年
稻	817480	940431	879017	696852	870537
小麦	412360	454564	450562	449212	426052
高粱	131535	148314	138324	133139	135551
小米	128678	132910	132829	137284	136241
玉米	127774	139495	114988	111184	136889
大豆	114327	131009	145418	112891	100739
花生	—	—	59613	52889	44972
棉花	6400	8106	9774	11201	8198

资料来源:《农情报告》第1、2、3卷各期,棉产据中华棉业统计会统计。

表7　　　　　　近几年来主要作物产量与十足年之百分比　　　　单位:%

	民国二十年	民国二十一年	民国二十二年	民国二十三年	民国二十四年
稻	68	77	71	57	71
小麦	63	63	66	66	57
高粱	60	68	65	61	64
小米	62	64	61	63	64
玉米	64	67	62	61	66
大豆	56	63	70	56	51
花生	—	—	66	62	59
棉花	56	58	59	61	58

资料来源:《定县经济调查》一部分报告书,民国二十三年,河北省县政建设研究院印行。

我国作物的产量,近几年来因灾害的剧烈,顿形锐减。我们现在选择几种主要作物,以说明产量在近几年来的增减情形。

近 5 年来各主要作物的每年产量平均还不及通常年 2/3，换言之，每年因灾害使作物损失 1/3 以上。但是农民所负担的田租与捐税却并不因此减低，以致农家收入更形减少。农民终岁勤劳，结果反不能继续农业的再生产，维持家庭的生活。则农村经济的破产，自属必然的趋势。

灾荒还有一个结果便是使农民流亡异乡。那种因水灾与大旱致全家逃亡异地的情形我们暂且置诸不论，现为材料的利便，试引用一个灾害比较少的地方农民离村的情形，以见一斑。

表 8　　　　　　　　近几年定县出外谋生人数　　　　　　单位：人

民国十九年	443
民国二十年	1368
民国二十一年	3367
民国二十二年	7849
民国二十三年	15084

五年之内，农民离村人数竟增加四五十倍之多[1]，其表示农业经济的衰落，实至明显，以灾害极少，且在平教会积年改进下的定县尚且如此，其他灾荒极重之区，农民流亡异乡的众多，更不待言。

国内招致农村经济衰落的原因，除了灾荒之外，还有高利贷的剥削与苛捐杂税的暴敛。我国农村信用合作社与乡设银行，年来虽见扩张，但据统计，借款来源仍以商店、地主与富农为多；借款利息亦多在 3 分到 4 分之间，并未因新式金融机关之组织而减少。且因连年灾害的侵蚀，借款的家数，借款的次数，借款的数额，均与年俱增，此表示农民更陷于苛重的压迫之下。据统计，定县在近几年农家因债务被债主没收所有家产之家数，民国二十年为 51 家，二十一年增为 256 家，二十二年增为 2889 家；[2] 农民所受高利贷的榨

---

[1] 原文如此。
[2] 见《定县经济调查》一部分报告书，民国二十三年，河北省县政建设研究院印行。

取，实足惊人。苛捐杂税的数额虽无确切的统计，但据官方统计应该废除的捐税达4400万元之多，此外还有驻军临时的征取，县吏勾结乡绅的敲诈，为数当更多。

　　国外经济势力的侵入是列强伤害我国命脉的唯一武器，这于招致我国农村经济的崩溃最居重要。其中，如在我国内地开辟商埠、设置工厂、开发煤矿、修筑铁路及对我政府的借款等，不属本文范围，不加多述，现仅就直接影响农村的商品势力的侵入，略为分析如后。这又可分作两方面来说：一为农产品输入，二为农产品价格。

　　农产品输入中，以米谷、小麦、棉花三项最为重要。此三项农产品在近几年的输入情形如表9。

表9　　　　　　　　近几年三项主要农产品输入值　　　　单位：元，%

	输入值	占总输入值百分比
民国二十年	515849746	22
民国二十一年	453190904	28
民国二十二年	337068475	25
民国二十三年	188506922	18
民国二十四年	188402012	18

资料来源：据海关进出口贸易报告册。

　　表9显示着两种现象：其一是进口农产品数值的巨大。我国号称以农立国，而民食的必需品与主要工业的原料都要大宗仰赖国外，其占总输入值的百分数高达28%，低亦占18%，年来我国入超之所以极为巨大，这实为一主要原因。但是此数项农产品的大宗输入，是否即表示我国粮食与工业原料品的缺乏，则颇值考虑。据统计，在欧战时期，我国粮食输入不但大为减少，而粮食输出反极度增加，① 可见近年来农产品的大宗进口，大部分原因还是国外的倾销，详情且待下述价格时再予讨论。其二是农产品进口与

----

① 见巫宝三《中国粮食对外贸易》。

年俱减。近年来灾荒奇重，产量剧减，照理农产品输入应该增加，其所以减少，当是由于我国农民购买力降低。不过当我们分析去年农产品输入时，便会发觉农村经济衰落的情形更为严重。前年（民国二十三年）三项主要农产品的输入以棉花居第一位，计90246597元；米谷居第二位，计65684678元；小麦居第三位，计31869171元。去年输入情形则大为变更，米谷升为第一位，增到89562586元，棉花降为第二位，减到40913429元；小麦仍居第三位，增加到34887254元。米谷与小麦输入的增加表示我国粮食问题更为严重，表示我国农产品受洋米麦的压迫益剧；棉花输入的减少，表示我国唯一仅存的民族工业——纺织业的衰落。这些都直接或间接影响到农村经济的崩溃。从农产品价格方面来考查，更可明了国外商品势力侵入的实况及其明显的影响。近几年来农产品价格因受国外农产品倾销的影响，降落颇剧。兹引用天津与上海的农产品价格指数，以见其涨落趋势（见表10）。

各项农产品价格均表示与年俱降，且跌落的程度极为剧烈。如将其合而作为农产品价格总指数，仍以民国二十年为100，则民国二十一年为90，民国二十二年为76，民国二十三年为70。三年间降低几达1/3，农家的农业经营，已因产量减少而遭受亏损，至此更因价格跌落而难以维持了。

表10　　　　　　近几年来主要农产品价格指数

（民国二十年为100）

		民国二十一年	民国二十二年	民国二十三年
天津	小站米	97	78	79
	白麦	95	77	69
	元玉米	94	79	78
	红粮	95	81	75
	元小米	96	80	71
	生米	95	88	79
	西河花	80	80	82

续表

		民国二十一年	民国二十二年	民国二十三年
上海	常熟机粳米	113	69	85
	汉口小麦	94	80	65
	辽宁玉米	87	75	67
	牛庄高粱	83	76	61
	河南火车豆	87	77	47
	徐州花生	85	62	46
	陕西棉花	88	84	82

资料来源：见张培刚《民国二十三年的中国农业经济》，《东方杂志》第32卷第13号。

去年是一个特殊之年，大多数农产品价格都打破历年的跌落趋势而转趋上涨。我们现在引用乡村的农产品价格指数，以示其变迁。

表11　　　　近几年来乡村主要农产品价格指数

（民国二十一年为100）

	民国二十二年	民国二十三年	民国二十四年
小麦	65	51	75
高粱	71	61	95
玉米	71	60	89
小米	74	66	89
花生	83	86	115
棉花	93	106	93

资料来源：据社会科学研究所《河北乡村物价调查》（未刊稿）。

由表11知去年农产品价格除棉花外，余均涨高，且较民国二十二年的价格犹过之。据上海市价，常熟机粳米、河南火车豆、汉口小麦、山东花生仁低亦均较前增高，唯陕西棉花、祁门红茶则较往年跌落，考去年农产品价格所以一般都上涨，其原因有三：一为自二十二年起开始征收洋米麦杂粮进口税，并撤销粮食出口禁令；二为去年十一月实行新货币政策；三为二十三年的大灾荒，农产量锐减。从这里更足证明国外商品势力的侵入,是我国农产品价格跌落的主要原因,因为很明显的,由于我国在二十三年、二十四年两年予以阻止和抵抗的结果,农产品价格便稍见回头。但因国内产量大减,所以这种上涨不能认为是好的现象。

国际商品给予农村的影响,不但从农产品价格的增减上可以表示出来,而由农用品价格的涨落上更可见。煤油在近年因我国农民需用极多,故其价格在近两年均呈上涨趋势,其程度远较农产品为高,据统计,① 煤油价格指数,如以民国二十一年为100,则二十二年降为78,二十三年增为80,二十四年更升为106。乡村需用最广的白洋布亦然,计其价格指数,如仍以民国二十一年为100,则二十二年降为84,二十三年仍为84,二十四年升为96。这表示我国农民是如何听受国际商品的摆布了。

我国农村经济衰落的真相及其招致衰落的原因已如上述。进一步我们要推测其前途将演变到如何地步?农村经济有否复苏的希望?如有,是否最近所能一蹴而及?这些大的问题,当然不是短短的本文所能论述详尽的,且因经济事态的演变,常无一定的轨道,故我们也不能作决断的结论。以下所要说的,只不过是就其以往演进的事实,推测其将来的大势;再从年来农村改良与救济运动的成功和失败,归结出一条复兴农村经济的可能的道路。

从前面所述,我们知道近年来我国农村经济的崩溃,是由各方面的原因凑合起来的结果。假如此种根本原因不除,则农村经济的前途,将更陷于不堪设想的境域。所以我国农村经济的前途将演进到怎样的一种情形,要看我们铲除招致其崩溃的因子的工作做到如何一个地步而定。据作者看来,我国农村经济在目前尚未显示复兴的征兆,故在短期内是决无光明前途的。其原因有下述诸端。

首先,从国际经济大势观察,知道在资本主义的生产制度之下,一国的经济不能完全脱离他国而单独繁荣与发展。在资本主义的社

---

① 据社会科学研究所《河北乡村物价调查》(未刊稿)。

会里面，从生产分配到消费，都是放任于个人的决定的，在自由竞争的原则下，听凭个人的取舍。这种盲目的混乱的结果，便造成了资本家的生产过剩，劳工大众的消费不足，社会分配的不均自此更为显著。所谓空前的世界经济恐慌，便一发而不可收了。虽然在无可奈何之中，他们不得不采取统制经济的政策，但因社会生产制度的内在矛盾百出，则各国竞相采用抵制政策的结果，反足加重其严重性。这种严重的程度愈到近年愈有加深的趋势。我国现在虽尚未达到如欧美的资本主义的过程中，可是依照现行的经济政策，的确是向着这条路上走，因此我们就得与他们打做一团，换言之，打做混乱的一团，而同遭受经济恐慌的袭击。且因我国抵抗力薄弱，故吃亏最大。所以照国际形势来看，在大家都感受恐慌的时候，除非是我们改头换面，否则必难获得单独的繁荣，农村经济的复兴自然是谈不上了。

其次，如从殖民地的观点来说，则我国农村经济在短期内更无复兴的可能。由前面的分析，知道我国农村经济崩溃的原因，也可以说整个国民经济衰落的原因，是列强经济势力的侵入。一方面，这种侵入的经济势力，在我国已根深蒂固，且使客主倒置，我们的农工商业，一举一动反须仰他人的鼻息。往昔极为纯静的农村，到现在因为都市的媒介，成了外货销售的尾闾，固有的农村工业遂呈示极速的衰落。在另一方面，我国农产品的商品化的程度与日俱深，致国际市场的一波一澜，我国农民也转入旋涡。同时因为我国经济的落后，生产组织不全，致竞争力不如外人，国外市场均为他人所夺。这种国际经济的桎梏，一时既难解除，农村经济的复苏是和全国国民经济的复兴一样的没有希望。

最后，从农业生产情形来说，短期内决难使农村经济好转。这因为一方面国内的灾害毫无完全避免掉的把握；他方面农业生产技术的改良一刻还得不到成效。关于这二者，我们不能把它们全归之于科学技术的问题。而主要的因素还是在社会政治制度与社会经济制度的改革。因为社会政治制度不良，社会经济制度不善，土地分配不均，旧有的继承制度使土地分割愈零碎，这使农业技术无从改良，大规模的农业经营无从树立。故说短期内农村经济难望复苏。

这样说来，我国农村经济的前途就没有革新的希望了吗？我们却也不作如是的悲观。不过如若我国仍旧只是作些零零碎碎的改良与救济，而不作通盘的打算，那恐怕上面的话就要变成事实。近几年来，国内的农村改进运动，进行颇力，而收效并不大。这种改进运动要者有三：一为多村建设运动，二为合作运动，三为生产技术改良运动。关于乡村建设运动，理论上事实上均有人批评过，[①] 我们不愿多说，我们只要看清：在这种运动下的农村，是和其他各地的农村呈示着同速度的崩溃，便可认识它的真正价值了。合作运动在各种农村改良运动中总算是最切乎实际的，于农民多少有点益处。但因合作运动只能做到铲除国内的中层障碍这一点，对于抵抗国外经济势力则仍属徒然。所以我国农村的出路，不能靠它来打通。至于生产技术的改良运动，在其实验的区域内，当地农民虽可蒙其利；但因生产技术问题，主要的还是经济问题，故此即令已有新式方法可供采用，但经济上的考虑使农民仍只有保持旧有方法；何况如前所述，在现在的经济分配制度之下，许多改良在事实上不能做到呢？以上所述，并不是说农村改进运动对于农村经济的复兴全无帮助，而只是说这都不是根本的办法，在根本原因未除时，这些改进工作是难收大效的。

总之，技术的改良，零星的救济，以及省自为政、县自为治的经济政策，虽可裨益于一时一地的农民，但与全局实无多大影响。且因缺乏统一性，大者造成经济的割据局面，小者则自是其是，致整个国民经济的势力愈形薄弱；何况有许多办法都是舍本逐末，其结果自属徒劳。所以我们归结：中国农村经济的前途是有希望的，但其复兴则非短期所能达到。复兴之道不能求之于零碎的改进运动，而须依赖整个经济政策的变革与实施。

（原载《经济评论》1936 年第 3 卷第 3 期）

[①] 见千家驹、李紫翔合编《中国乡村建设运动批判》。

我国农民生活程度的低落

农业经营与工商企业不同。工商企业虽然一旦投下了资本和劳力，但若经营无利，则可转投于他种较有利的工业或商业。这种转投资，纵然因为固定资本过多或他种要素的限制，没有绝对的自由，但其移动性比较大，则不容否认。农业经营却完全不同，因为土地的固定性和相邻的联系性，即令经营亏损极大，农家仍是要忍受并维持下去。然则，这种亏短如何填补呢？唯一的路径便是农家减少自身的支出，大部分是减少生活费的支出，其结果便是农民生活程度的降低。

我国的农业经营，虽然对于土地的利用极为集约，而经营的方法则颇幼稚。数千年来所以能维持不败者，主要原因在于有廉价的劳工。我们如果把自有的廉价劳工也算进生产成本中，则农业经营的结果，无不表示亏损。所以我国农民的生活程度，自始就很低。近年来，更多外来的、内在的、天时的、人为的各种原因凑在一块，致使农村经济日趋崩溃，农民生活日渐贫乏。关于这些，已有许多论文叙述过，不再赘言。本文的旨趣，仅在将我国农民生活程度实际低下的情状，及这几年来降低的趋势，简要地揭示出来。

研究农民的生活程度，在目下的我国，因为调查统计的缺乏，极感困难。我们现在先就已有的统计数字说明农民生活程度的低下，然后再从价格——农产品与农用品的价格——方面和农民所得方面，间接推测近年来农民生活程度降低的趋势。

要明了农民的生活程度，主要的虽然在分析农家的生活费，但是农家收入，却是我们先得明了的。我国农家收入，全以农作物经营收入为主，畜养收入及副业收入为数都很少；而农作物的经营，则因耕种面积的狭小及生产技术的幼稚，其收入额也是很少的。故农家收入总额遂表现得极度微小。民国十年到十四年，卜克（J. L. Buck）氏调查我国的农场收入，计平均每个地主场主的收入为376.2元，自耕农场主为334.2元，半自耕农场主为357元，佃农场主为312元。其中我国北部诸省（豫、冀、晋及皖北）较之中东部诸省（浙、苏及皖南）还要贫窭，计地主场主收入278.3元，自耕农场主234.9元，半自耕农场主268.4元，佃农场主207.2元。[1] 民国十三年，戴乐仁（J. B. Tayler）氏及麦伦（C. B. Malone）氏调查浙江省368农家平均每家收入186.1元，江苏省1379农家平均每家收入194.4元，安徽省615农家平均每家收入250.1元，河北省3954农家平均每家收入145.1元；总平均四省每家收入为168.5元。[2] 民国十六年，李景汉氏在北平郊外调查，挂甲屯村100家平均每家收入180.8元。[3] 民国十七年，李氏在定县调查平均每家收入281.1元。[4] 从这些数字，我们看得出我国农民的生活程度向来就是很低下的。其中最高的收入，每年亦不过370余元，低者则仅140余元。但是我国农民例以半自耕农及佃农为多，至于那种每年收入达370余元的地主场主，究属少数；所以根据以往的数字，我们可以说农家收入多在200元到300元之间。以二三百元的收入，用平均每家人数五口或六口来分配，每人每年只摊到四五十元。这里面要包括吃饭、穿衣、住房、烧柴及其他杂项费用，其不够显然可知，但是农家收入，不能完全用在家庭消费，用到农场支出的，如购买种子肥料、添置农具、饲养耕畜、缴纳田租、完纳捐税等项，至少要占去收入的1/3或1/4。[5] 所以如果除去农场支出与税捐，则收入

---

[1] J. L. Buck, *Chinese Farm Economy*.
[2] 根据C. B. Malone and J. B. Tayler. *The Study of Chinese Rural Economy*, p.37, 表14总平均而成。
[3] 李景汉：《北平郊外之乡村家庭》。
[4] 李景汉：《定县社会概况调查》。
[5] 见张培刚《成庄村的农家经济调查》（下部），《经济评论》1935年第2卷第10号。

所余而能用于家庭消费者将更少。农民生活程度的低下，是不待多说的。

以上所述，是前几年的数字，而近两年来的增减情形怎样呢？这里，因为对于同一区域，未作过继续的调查，所以农家收入增减的确切程度不能求得。不过，我们却可引用近两年其他区域的数字，间接地推测农家收入的增减趋势。去年（民国二十三年）中央农业实验所在江宁县化乘乡调查的结果，① 平均每家收入只有112.5元，其低下的程度，殊足惊人。同年冯紫岗氏在浙江省兰溪县调查，平均每家收入为357.6元。② 就这个数目来说，农家收入似乎很大，同时并未表示有低落的趋势。实在说起来，兰溪因一方面属于比较富庶的扬子江下游区域，他方面本身是一个实验县，农家经济的情况，自然表现得好一点。不过，我们要是除去那些每年收入几达千元的经营地主，仅就占全农家一半以上的半自耕农、佃农、佃农兼雇农及雇农而论，则知此四者的平均每家收入，各为313.9元、168.5元、135.8元及61元；总平均为169.8元，农家的收入额仍是极其微小的。作者今年（民国二十四年）九月在湖北省黄安县（今红安县——编者）成庄村所作的农家经济调查，亦是表现同一的情状；计平均每家收入地主328.4元、纯自耕农180.6元、自兼佃农108.9元、纯佃农84元，总平均150.8元。③ 在这里，如果单提出自兼佃农及纯佃农来说，则农家收入的微小，更表现得明显。这一切数字，表示近年来农民生活更渐趋贫窘。

我们就农家生活费的支出来观察。前面已经说过，农家的收入并不完全用于家庭消费，农家收入额既已是那么少；则家计的支出额将较此更低，自不待多为引证。前几年的农家生活费，据卜克氏调查，北部为190.6元，中东部为288.6元，平均为228.3元，据李景汉氏在北平郊外的调查，挂甲屯村为164元，其他数村为235.2

---

① 《农情报告》第二年第23期。
② 紫岗：《兰溪农村调查》，民国二十四年一月出版。
③ 张培刚《成庄村的农家经济调查》（下部）。

元；在定县的调查，为 242.4 元。① 整个说来，农家生活费的支出约在 200 元，平均每人只有三四十元。区区此数，要分配于各种生活费用当然不够。如果我们将我国农家的生活支出额与美国相较，则二者之差异，真让人产生"天壤"之感。据民国十二年的调查数字，两国平均每家生活支出额如表 1。②

表1　　　　　中国、美国农家生活费比较　　　　　单位：元

国别	饮食	衣服	住房	燃料	杂项	总计
中国	136	17	11	25	38	227
美国	1232	439	373	159	784	2987

但是近两年来农家的生活费用，更有减少的趋向。据前面所引近两年关于农家收入的调查数字，计江宁县化乘乡农家生活费支出为 181.6 元，浙江省兰溪县为 265.4 元，湖北省黄安县成庄村为 138.8 元。③ 假使我们把占农民成分较多的半自耕农及佃农提出来说，则生活支出额表现得更小，计兰溪县半自耕农 256.8 元，佃农 150.8 元，佃农兼雇农 107.8 元，雇农 69.0 元；成庄村自兼佃农 95.7 元，纯佃农 74.7 元。这些数字，一方面表示大多数农家的生活支出额，向来就很低下；他方面则表示近两年来农民生活更不如前几年了。其中尤以作者今年所调查的成庄村，农家的生活费更显得低落。该村平均每家人口为 6.4，"现在计算平均每家的生活费支出只有 138.8 元，每人每年只分到 21.7 元，生活的贫困可见。据当地标准，每人每年要 6 石谷方能足食，如无谷则大小麦及他种杂粮替代；依现时粮价折算，每人年须 15 元左右方能足食。此外所剩 6 元之款，要支配于衣服、住房、燃料及杂项等费用之上，生活程度的低下，不言可知"。（引自《成庄村的农家经济调查》）

---

① 李景汉：《北平郊外之乡村家庭》《定县社会概况调查》。
② J. L. Buck, *Chinese Farm Ecomomy*, p. 390.
③ 见张培刚《成庄村的农家经济调查》（下部）；《农情报告》第二年第 23 期；冯紫岗《兰溪农村调查》。

我们再进一步分析各种生活费支出的百分比，以窥索农民生活程度的低落。关于这层，我国本无系统的调查数字；月前李树青氏曾搜集历来已有的统计，做成"中国各省市农民的生活程度"一表，现在为方便起见，把原表引用在这里（见表2）。①

表2　　　　　　　　中国各省市农民的生活程度　　　　　　　单位：%

调查地域	饮食	衣服	住房	燃料	杂项
河北三县	63.83	5.31	8.29	12.92	9.65
河南二县	75.90	4.65	3.50	8.45	7.50
山西五台	50.00	9.60	5.70	15.90	18.80
辽宁二处	55.45	16.35	1.95	11.95	14.05
安徽三县	55.26	8.50	3.80	12.93	19.50
江苏武进	65.50	2.30	6.60	8.70	16.90
浙江二处	77.85	5.70	5.75	1.25	9.45
福建连江	52.90	12.80	5.20	8.20	20.90
北平郊外	65.80	4.50	3.00	12.80	13.90
南京二村	51.10	9.85	4.80	11.35	22.90
上海郊外	75.70	8.00	0.30	1.50	14.60
平均	62.66	7.96	4.45	9.63	15.29

就各省市平均说起来，饮食费竟占生活费总额63%左右，其余衣服、住房、燃料、杂项合共只占37%左右，农民的生活程度可谓非常低下。这种低下的程度，若与美国、丹麦及日本相较，则表现得更为明显。据统计，美国农民生活费的百分比为：饮食41%、衣服15%、住房13%、燃料5%、杂项26%。丹麦农民生活费的百分比为：饮食33%、住房10%、其余各项57%。日本农民生活费的百分比为：饮食43%、衣服10%、住房3%、燃料6%、杂项39%。②这三国的杂项费用，平均占总生活费30%左右，而我国仅占15%左

---

① 李树青：《中国农民的贫困程度》，《东方杂志》第31卷第11号。
② J. L. Buck, *Chinese Farm Economy*, p. 391.

右;他们的饮食费仅占总生活费 1/3 或 2/5,而我国则占 3/5。农民生活程度的悬殊,于此可见。但若将前面所引举的我国和美国农家生活支出额折合而予以比较,则差异之甚,将更不堪比拟。

近两年来的农民生活程度,就国内经济情形来推测,当然是日趋下落。我们试先将已有调查数字来考查一下。据前面所引冯紫岗氏在兰溪所作的调查,该县农家生活费的百分比如表3。

表3　　　　　　兰溪农家生活费的百分比　　　　　　单位:%

农户类别	饮食	衣服	住房	燃料	杂项
地主	33.62	8.23	7.17	7.99	42.99
地主兼自耕农	41.54	12.81	6.38	4.99	34.28
自耕农	54.81	7.72	4.94	4.78	27.75
半自耕农	60.52	6.14	4.27	6.60	22.47
佃农	64.75	5.40	3.02	8.85	17.98
佃农兼雇农	63.25	5.03	2.83	9.40	19.49
雇农	72.22	5.67	2.35	4.27	15.49
总计[①]	55.26	7.80	4.75	5.99	26.20

按这个调查来说,我国农民的生活程度,似渐行提高,因为饮食一项所占成分减到55%左右,杂项增到26%左右。实际言之,一般农民的生活程度并未提高。该调查总平均数字所以表现为一种良好情况者,乃是受地主及地主兼自耕农的影响过大之故。如果除去这两种农家,仅就半自耕农、佃农、佃农兼雇农及雇农的生活费百分比来说,则农民生活程度是显然表示为低落。

现在再就个人两月前在成庄村所作的农家经济调查来推测年来农民生活程度的低落情状。该调查的数字引如表4。

这个调查呈示着我国农民生活程度是如何的趋于低落。不说自兼佃农及纯佃农的生活是怎样的低下,即经营地主和纯自耕农的生

---

① 原文如此。

活亦表现得非常贫乏。合共言之，饮食费竟占77%，杂项费仅占11%，农民是仅能糊口，由此可知。

表4　　　　　成庄村农家生活费的百分比　　　　单位：%

农户类别	饮食	衣服	住房	燃料	杂项
经营地主	70	12	2	3	13
纯自耕农	73	10	1	4	12
自兼佃农	83	8	1	*	8
纯佃农	86	3	1	—	10
总计[①]	77	9	1	2	11

注：* 为不及0.5者。

上面就已有的统计，把年来农民生活程度低落的情形，大概地描画了一个轮廓。文首已经说过，在我国目前，因为农家经济调查材料的缺乏，而农民更无收支账项的记载，所以要想研究农民的生活程度，殊感困难。且已有的调查又如此零星，更难作系统的叙述。我们现在只有再从另一途径去探索。

关系农家收支最切的莫过于农产品和农用品的价格。因为农产品价格的腾落，必影响农民收入的多寡；农用品价格的高低，必招致农民支出的增减。所以从这两种价格的一涨一跌，便可间接探索出农家的收支情形和农民生活程度。

农产品价格，在近几年来都是表现着跌落。民国二十一年丰收的结果，使农产品价格大跌，酿成"丰收成灾"的奇闻。二十二年又逢美棉麦借款成立，致麦价一泻无余，出现十余年的新纪录。[②] 二十三年农产品的全年平均价格，比上年更为跌落，继续着4年来下降的趋势，就中仅大米价格呈着涨势，盖本年荒歉，外米输入增加之故。棉花则有涨有跌，唯比较平稳。跌落最剧的要算是大豆，比较二十年跌落54%。小麦比二十年跌落1/3，比二十二年跌落1/6。

[①] 原文如此。
[②] 巫宝三：《民国二十二年的中国农业经济》，《东方杂志》第31卷第11号。

杂粮、花生亦均呈着显然的跌势。近几年的农产品价格，如以民国二十年为100，则二十一年为89.8，二十二年为75.5，二十三年为70.3。[1] 这种跌落的程度是很剧的，其招致农民收入的剧减及农民生活程度的剧降，不言可知。今年的农产品价格却表示上涨，尤以上年为剧。据上海趸售物价指数的粮食价格，去年一月为60.7，四月为60.3，七月为68.8；今年则一月为81.4，四月为81.3，七月为74.0（民国十五年全年平均为100），涨高的程度颇剧。但是，我们细看此种上涨的原因，则知其不但于农民无利，抑且有害。盖去年为大荒之年，农产收获量大减，大半农民到今年不但无所卖，反须有所买，则价格高涨的结果，对于他们是利是害，不问可知。我在《民国二十三年的中国农业经济》一文中，解释该年农产品价格上半年跌落，下半年上涨的这种现象与农家经济的关系时，曾这样说过："在产量丰的时候，粮价惨跌，在产量歉的时候，粮价飞涨；农民不幸的，既做了谷贱时的'生产农'，又做了谷贵时的'消费农'了。由此可知本年价格的一跌一涨，不但使农业经营毫无利益可获，且更使农民生计趋于艰难。"这用之于解释今年的现象，仍很适当。我们更须注意的是去年既逢旱荒，今年又遭水灾，则本年农产品价格的上涨，更予农民以直接的威胁。农民除节衣缩食降低生活程度外，是无第二条路的。

农用品的价格，近年来虽亦呈跌落，但程度甚微。且如煤油、食盐二项反有上涨的趋势。总计粗布、香油、煤油、食盐四项的价格指数，如以民国二十年为100，则二十一年为93.2，二十二年为85.1，二十三年为84.1。[2] 这种跌落的程度是不及农产品价格远甚的。如果就关系农民生活最切的食盐与煤油二项来说，则近3年来的价格指数如下（民国二十年为100）：

煤油在民国二十三年已较二十二年上涨，而食盐价格的高涨，尤足惊人。计二十三年的食盐价格，北平比二十年增加了10%，上

---

[1] 见张培刚《民国二十三年的中国农业经济》，《东方杂志》第32卷第13号。
[2] 同上。

海则增加了26%；至与二十一年及二十二年相较，则高涨的程度更剧。食盐乃农民主要的生活必需品，其价格高涨，自使农民生活更陷于困苦。许多地方的农民因无力购盐而改为淡食，农民生活程度的低落，如此可见一斑。

表5　　　　　　　近年来食盐煤油的价格指数

		民国二十一年	民国二十二年	民国二十三年
北平	食盐	96.2	101.1	109.7
	煤油	92.3	70.3	72.9
上海	食盐	84.0	99.5	126.2
	煤油	92.1	71.4	76.0

河北省县政建设研究院曾在定县调查民国十九年到民国二十二年农产品与农用品的价格，现在引用在这里，以证实上述情状的逼真。[①]

表6　　　　定县农产品与农用品价格的变动　　　单位：元

		民国十九年	民国二十年	民国二十一年	民国二十二年
农产品	本地小米	0.750	0.867	0.725	0.497
	本地高粱	0.533	0.544	0.444	0.302
	本地黑豆	0.730	0.716	0.572	0.344
农用品	盐	0.091	0.091	0.097	0.102
	红糖	0.147	0.163	0.192	0.201
	白糖	0.164	0.172	0.211	0.227

农产品价格的跌落和农用品价格相对的高昂，其结果表现于农民购买力的降低。以农用品价格指数除农产品价格指数，便得农产品的购买力指数，用之不但可直接表现农民购买力的大小，且可间接推测出农民生活程度的高低。根据近年来农产品与农用品价格指数计算的结果，农产品的购买力，如以民国二十年为100，则二十一

① 见《定县经济调查》一部分报告书。

年为96.3，二十二年为88.7，二十三年为83.6。这种低落的趋势，不啻是农民生活程度降低的写真。

农民收入的多寡，直接关系农民生活支出的丰啬。据恩格耳氏的消费律（Engel's Law of Consumption），生活费中饮食费所占成分随收入增多而渐减，杂项费随收入增多而渐增；换言之，收入大者生活程度高，收入小者生活程度低。我们现在试一考查近年来农民收入的增减，借探索农民生活程度的变动。

构成农家收入主项的是农作物经营收入。农作物收获的大小，在我国小半靠人力，大半靠天时。这几年来水灾旱荒所给予农产收获的影响，是不待我人细论的。民国二十年的水灾，据中国银行调查，皖、苏、鄂、湘、赣、浙、豫、鲁8省的被灾田亩为2.11668亿亩。民国二十一年灾情较轻，然亦有1/3省告灾，其中灾情较重者为吉、黑、晋、陕。民国二十二年，据赈务委员会调查，灾荒区域达15省476县之广，灾情种类有水、旱、蝗、风、雹、霜诸种，中以水灾最烈。民国二十三年，不特旱灾空前，即他种灾荒亦剧。据中央农业实验所估计，本年农作物损失由1/4到1/3。至于今年的水灾，则较民国二十年尤烈，受害最剧者为扬子江流域与黄河流域诸省。灾荒年复加重，农产收获自与年俱减，农民生活程度的趋于低落，乃必然的结果。

我们再看农家的他种收入。这里分为工资收入与副业收入两项来说。年来农产品价格惨跌，农业经营无利可图，致对于雇农的需要减少，同时税捐负担甚重，地租与利率极高，中小农民多放弃土地，遂使农民失业人数增加。这两种因子促成工资的渐趋下落。如河北省长工每年工资，民国二十一年为43.89元，[①] 民国二十三年降为32.34元[②]，3年间跌落了26%。李景汉氏等曾调查定县10年来工资的变动，民国十三年到民国十八年逐渐增高；民国十九年后则渐趋低落。计长工每年工资民国十九年为42元，二十年为40元，

[①] 《国府统计局调查》，《统计月报》民国二十二年九、十月合刊。
[②] 见拙文《冀北察东三十三县农村概况调查》，《社会科学杂志》第6卷第2期。

二十一年为39元，二十二年为31元。① 愈到近年，跌落的趋势愈剧。工资为雇农唯一的收入泉源，而雇农占全体农家之数，据统计由10%到20%不等，则工资的低落，自然直接招致一般农民生活程度的降低。副业在近年来更表示衰落的征象，其原因盖在敌不住外货的竞争。比如纺织业是农家的一种重要副业，但是到近年因为农民多购用价廉的洋布，以致本地粗布价格大跌。这影响于副业收入的减少，及农民生活程度的减退，自又不待言。

与农民生活程度低落相伴而生的结果，一是中小农民出卖土地，二是一般农家陷于借债的深渊，三是穷苦农民出外谋生。这观乎年来统计数字所表示的佃农成分增高，借债的农家加多，离村人数日众诸种事实，便足资证，现在用不着我们赘述。最后，由上面所论各端，我们知道我国农民生活程度一般的趋于下落的这种现象是非常严重而不容忽视的。如何设法阻止此种趋势，并维持农民最低的生活程度，实值得我人予以深切的考虑。

（原载《东方杂志》1937年第34卷第1号）

---

① 见"定县经济调查"一部分报告书。

通货膨胀下的农业和农民

我国通货膨胀，近有与日益剧之势。内战再起，生产衰微，财政金融措施失当，均为增强此种趋势之主因。最近的金融风潮，更使继涨的物价，一度飞跳。关于这些，专文讨论者甚多，要皆认为病根不除——内战不停，任何良医亦将束手，百宝灵丹亦无由奏效。论者于通货膨胀之一般的影响，多着重工商业方面；至对于农业，或则语焉不详，或则略而不论，或则谓其影响无足轻重。最近美国国务卿马歇尔（Marshall）氏宣称：中国人口80%为农民，通货膨胀于彼等殆无重大影响，故由于通货膨胀所酿成的中国经济危机，并不如传闻之严重云云。此语似是而非，涵义中大有可商讨之余地。本文旨趣，即在从理论和事实两方面，说明通货膨胀所及于我国农业和农民之影响究竟何在。借以间接明了我国经济危机之真相及严重程度。

一 我国通货膨胀之性质

欲明了通货膨胀及于生产和人民生活的影响，须先辨通货膨胀之意义及我国通货膨胀之性质。广义言之，凡由于通货增加而引起的物价上涨，皆可视为通货膨胀（Inflation）。所谓通货膨胀，则不外表现通货增发程度（包括流通速率），生产增加速度，及物价上涨进度的相互关系。因此我们可依通货、生产、物价三者之增加率而分通货膨胀为数种情形：（一）由于生产的增加，或由于货币流通速率的减少，以致物价上涨的速率不及通货增加的速率者，称为缓性通货膨胀。（二）由于生产不能增加，以致物价上涨的速率等于通货增加的速率者，称为真性通货膨胀。（三）由于货币流通速率的增加，以致物价上涨的速率超过通货增加的速率者，称为恶性通货膨胀。（四）货币数量与物价已近于天文数字者，此时的情形可称为极度通货膨胀。

在以上四种情形中，如采狭义的或严格的看法，则第一种不能视为通货膨胀。凯恩斯（J. M. Keynes）仅称第二种情形为真正的通货膨胀（True Inflation），认为充分就业以前的物价上涨是扩张（Expansion），充分就业以后的物价上涨始为通货膨胀。这四种情形，又可看作物价上涨的四个阶段：第一种情形是开始阶段，通货膨胀刺激生产，如能运用得宜，倒是很合理的经济政策；第二种情形到了限界的境地，有利的生产达于最大限度，稍一不慎，便有转入第三种情形之可能；迨至第三阶段，通货膨胀有不能自制之势，且含有累积循环之性质；到了第四种情形，通货膨胀飞天造极，整个经济有趋于崩溃之虞。一般人对通货膨胀常怀厌恶恐惧，大致是由于最后两种情形所引起的警戒。实则如就前两种情形言，通货膨胀为刺激生产所不可少的物价上涨，当无令人厌惧之理。吴大业氏在讨论通货膨胀时，为免引起国人误解，曾以"物价继涨"代替"通货膨胀"。[①] 这种代用是很有理由的。但我以为等到人家明了了这种代用的理由时，也就明了通货膨胀之真义和内容，所以本文仍沿袭通用的名词。

我们援用他国经济学者的理论以分析我国当前的通货膨胀问题时，应特别注意他人理论所假定的经济环境和前提条件。如前所述，凯恩斯的真性通货膨胀，系指充分就业后的物价上涨而言。此处我们须明了，凯恩斯之理论背景为"闭关经济"（Closed Economy），此与海商大开、外货潮涌之我国当前经济情形，自迥然不同。在凯恩斯的分析中，真性通货膨胀和"部分就业"乃互不相容的两个概念：在我国目前的经济情形下，通货膨胀和失业却为并行不悖且相

[①] 吴大业：《物价继涨下的经济学》，商务印书馆1945年版。

得益剧的两种现象。此中之轩轾差离,值得我们深切注意。

论及我国通货膨胀的性质,先须依据基本经济条件的改变,将通货膨胀划分为两个过程:一为抗战期间的通货膨胀,一为抗战胜利后的通货膨胀。在前一过程中,海口相继沦陷,对外贸易几濒绝境,在条件上很接近凯恩斯的闭关经济。如就物价指数增加率与通货数量增加率予以比较,则这一过程又可分作三个阶段:自抗战发生至民国二十八年上期为第一阶段,物价指数之增加率及通货数量之增加率,为缓性的通货膨胀。自民国二十八年下期至民国三十年下期为第二阶段,物价指数之增加率大致等于通货数量之增加率,计自民国二十八年六七月间至民国二十九年六月,平均每月增加率,通货为5%,物价为4%—8%。如剔除物价变动因素中之属于物资方面者,则物价因通货流通量增加而上涨之指数(即通货膨胀指数)与通货数量之比,在民国二十七年为0.8,民国二十八年为0.78,民国二十九年六月为0.93、十二月为1.18,民国三十年六月为1.32、十二月为1.63。此一阶段的情形可看作真性的通货膨胀。自民国三十年下期到抗战结束为第三阶段,物价指数之增加率超过通货数量之增加率,且与日俱剧,至日本投降时,即民国三十四年八月,重庆批发物价指数已增达1800倍(以民国二十六年一至六月为100),九月因受上海物价之影响,跌为1200倍。此种情形,可谓已达于恶性的通货膨胀矣。在前两个阶段,一般生产均在扩张,至后一阶段,因生产工具之无从替旧换新,工业总生产衰退,仅农业及消费品工业,尚能维持或略事增加生产而已。

在第二个过程中,即自抗战胜利到现在,通货膨胀显呈累积循环及不能自制之势。此时海商大开、外货涌进,前一过得所用闭关经济的假定与分析,至此已不适用。大致而言,本过程以通货膨胀加深恶化及工业转趋凋敝为主要特征,其基本原因当然是内战和外货(特别是美货)倾销。据统计,本年一月上海批发物价指数增到12000倍,远超过通货数量之增加率及汇价之减低率。此种趋势，仍在有增无已。在此种情形下，人民购买力日低，固定薪水阶级益苦，民族工业无法维持，出口事业无法恢复，外货倾销益剧，人民失业日多。政府靠发行卖物以图存，人民在物价飞涨之威胁下，生活日感艰难。此中之基本原因不除，则恶性循环之结果，实不知伊于胡底。

二　通货膨胀与农产品价格

在一个经济系统中，农业之主要功能，对于工业，在供给原料，对于整个社会则在供给粮食。在通常状况下，农业与工业生产的变动关系，可用"加速原则"（Acceleration Principle）表示之。所谓加速原则，意谓：某种制成品在需要及生产上的变迁，常使为该种制成品所需的生产品（包括生产工具和原料）在需要及生产上发生更大的变迁。如果我们制成品代表工业品，以原料性质之生产品代表农产品，则此一原则即可表示农、工业生产之动态关系。直言之，当物价向上时，农产品较工业品上涨为剧；当物价向下时，农产品则较工业品跌落为烈。惟须注意者，此原则仅能应用于常态的平时，却不能应用于非常态的战时。按重庆批发物价指数，如以民国二十六年一至六月为100，则民国三十七年四月（抗战结束前一月），计原料品上涨1600余倍；半制成品上涨2500余倍，制成品上涨7800余倍。[①] 此种情形，正和上述之加速原则相反，而表示愈接近制成阶段之货品，其价格上涨愈剧。固然，原料品中不全是农产品，而农产品亦不全用作原料品，但原料品中必然包括农产品，故上述情形，无异表示战时农产品价格之涨，不若工业品之甚。

农业生产向以粮食为主，我们试比较战时食物价格与他种基要商品价格之变动情形。此处我们选取四类基要商品，以和食物相较。

[①] 见中央银行经济研究处编制"重庆趸售物价指数"。

如同样以民国二十六年一月至六月为100，则民国三十四年七月之物价指数有如下示：①

食物	146140
纤维	302500
燃料	350300
金属	380400
木料	207100
总指数	164500

从上述指数，我们看得出抗战期间食物价格之上涨程度。远不如其他四类基要商品。一部分纤维虽可看作农产品，木料亦可看作农业之同类产品，但粮食生产究为农业之主产，我国粮食作物面积恒占耕地面积80%—90%，是则食物价格上涨程度之较低，显然表示抗战期间农业生产并非获利最大之产业部门。

三 通货膨胀与农业经营利润

在通货膨胀时期，单凭农产品价格之上涨，并不足证实农业生产获利甚厚。除价格外，我们还须注意农产收成和利润的关系。农业和工业不同，生产数量之丰歉，悉听天时，欲以人力随价格之涨跌而为生产之扩缩，颇感不易。此种情形，在我国尤然。一般言之，农产品价格高涨之年，往往为歉收之岁；反之，农产品价格跌落，往往为丰收的结果。论者不察，常单凭农产品价格之涨落，而定农业之荣枯。比如抗战初期，自民国二十六年下期至二十九年上期，农产品价格下降，有人即评论此一时期，农业衰颓，农村凋敝。殊不知在此三年中，农产量因收成之改善而大为增加，农产品价格虽跌落，但农业生产者的总利润并未减少。民国二十九年后，农产品价格飞涨，有人遂遽然断为农村繁荣之象。殊不知此后耕地面积渐

---

① 见中央银行经济研究处编制"重庆二十二种基要商品趸售物价指数"。

形缩小，兵役使农业劳工离村，屠宰使耕牛缺乏，农产品数量，特别是米麦产量，因之大为减少。产量减少，当然影响于总利润的减低。故谓抗战后期，农业生产获利最大，实属过甚之词。

论及农业利润，除收成一因素外，尚须注意农业之生产成本。农业成本之项目有多种，今仅就工资及牲畜价格二者予以观察。以言工资，民国三十年四川农村长工工资较二十六年上涨17倍余，短工工资上涨23倍余，农产品价格上涨17倍，而粮价上涨则达27倍。骤观之，长工工资上涨之程度似远不及短工工资，实则长工工资除货币所得外，尚应包括雇主供给之膳食费，此种膳食费上涨的程度可以粮价表观之。大致而言，战时农业工资之上涨程度，在农产品价格以上，在粮价以下。此种高涨，实由于农工离村，人力缺乏所致。战时牲畜价格亦上涨，但究不如农产品价格之甚。例如民国三十一年，后方牲畜价格较民国二十六年上涨23倍余，而农产品价格却上涨50余倍，粮价亦上涨45倍。他种成本，如农具农舍之添置修缮，地主经营所纳之粮，佃农经营所缴之租，一般农民所负担之捐税，则以统计资料缺乏，无从讨论。综合而言，在通货膨胀期间，农业成本之增高，实不在农产品价格之下；如将投资利息计算在内，则农业生产之所得恐不足补偿其所出。人谓农业生产因通货膨胀而获得额外利润，实属"仅见一隅"之论。

四 农民所得与农民生活

农业之繁荣，农民生活之改善，赖于农产品价格之上涨者少，赖于农民购实力之提高者多。普通用以表观此种情形者有农民购买力指数。此指数即农产品价格（农人收进价格）与农用品价格（农人付出价格）之比，比值愈大表示农民购买力愈高。据中央农业实验所的川省各地农民购买力指数所示，抗战发生至民国二十九年下期，以所得物价低落及所付物价高涨之故，农民购买力落在民国二十六年水准以下，民国二十八年九月为最低，约及民国二十六年

64%。自民国三十年起，形势开始好转，各地农民购买力指数，大抵均提高于民国二十六年水准之上，最高为同年七月之149。民国三十一年后，开始跌落，八月再落于民国二十六年水准之下，自后便无起色。第一次世界大战时，美国亦有过同样的情形，计农民购买力指数为：1914年为100，1915年为93，1916年为94，1917年为115，1918年为111，1919年为101，1920年为99。农民购买力之降低，似为通货膨胀所不可避免的结果。

考农村阶级，有地主、富农，有自耕农、佃农，有雇农、贫农。彼辈之经济地位与收入情形，各不相同，所受通货膨胀之影响亦异。我国盛行谷租制，故在战时，地主获利稳而厚。在抗战初期，因农产品价落而农用品价涨，地主实际所得较战前为低，但自民国三十年岁首，粮价开始猛涨，地主所得，顿形增高。寄居于城市中之"不在地主"，更兼营囤积投机，获利尤巨。自耕农与佃农，占我国农民之最多数，在农业经营方面，所耗成本主要为家工工资；在农产品销售方面，则因缴租及自身食用，所余无多，售额有限。通货膨胀所引起的农产品价格上涨，对此两种农民，实无利益可计，而农用品及牲畜价格的上涨，却使他们的经营和生活，更感艰难。雇农与贫农，向赖出卖长工或短工以为生，如前所述战时农村工资曾步农产品价格而增高，可是粮价之上涨及一般农用品价格之飞腾，却形成他们生活上的直接威胁。一般言之，负债的农民，容或因货币价值的跌落而略受惠益，但在另一方面，征实、纳捐及抽丁等负担和扰害，已将这种惠益冲淡无余。此诸种负担和扰害，虽非全由于通货膨胀，但后者有助长前者之趋势，则似不容否认。

最后，我们略陈数语，以作本文之归结。我国人口，农民占70%余，工、商、运输业者或不到20%。但就经济机能言，工、商、运输业远较农业富于基要性（Strategical）和敏感性（Sensitive），前者之变动及于整个经济机构之影响亦远较后者为大。此种影响之大小，实非职业人口之比例所可表拟。农业国之通货膨胀，在性质与程度上，容或有异于工业国者，但如因农业人口之众多，而忽视通货膨胀之基本严重性，甚且忽视通货膨胀及于农业和农民的恶性影响，则诚有不明真相之嫌矣。

（原载南开大学《经济评论》1947年第1卷第2期）

《农业与工业化》的来龙去脉

张培刚口述　谭　慧整理

前些年，董辅礽教授曾经说过这样一段话："1946年秋，当我考进武汉大学经济系后，结识了我人生中第一位重要导师张培刚教授。"接着他又不无感慨地说："张培刚老师的学术思想，像一颗流星，在20世纪中叶的天空划出一道炫目的亮光之后，便旋即泯灭了……"[①]

董辅礽教授所说的那颗在天空中闪过一道亮光的流星，我想指的就是张培刚先生于1945年在美国哈佛大学用英文写成、1949年在哈佛大学出版、而现在又重印发行的这本博士论文 Agriculture and Industrialization（《农业与工业化》）。鉴于它是第一部从历史上和理论上比较系统地探讨了贫穷落后的农业国家如何走上工业化道路的初步尝试之作，该文由此而获得1946—1947年度哈佛大学经济学专业最佳论文奖和威尔士奖金（David A. Wells Prize），被列为《哈佛经济丛书》第85卷，1949年在哈佛大学出版社出版，1969年在美国再版。1951年被译成西班牙文，在墨西哥出版。此书后来被国际学术界誉为"发展经济学"的奠基之作，从而先生本人亦被誉为"发展经济学创始人"之一。[②]

[①] 见薛永应《董辅礽评传》，武汉大学出版社2000年版，第20页。
[②] 美国加州大学伯克利分校艾玛·阿德曼教授（Irma Adelman）说："Agriculture and Industrialization 这本书应看做发展经济学的最早作品。"——见谭慧编《学海扁舟》，湖南科学技术出版社1995年版，第259页。
美国哈佛大学国际发展中心主任帕金斯教授（Dwight H. Perkins）说："在熊彼特（Joseph A. Schumpeter）的《经济发展理论》之后，Agriculture and Industrialization 一书就算是最早最有系统的著作了。"见上引书，第422页。
1982年，世界银行专家霍利斯·钱纳里教授（Hollis Chenery）在上海讲学时说："发展经济学的创始人，是你们中国人——培刚·张。"

《农业与工业化》写成的历史缘由和经过

这部著作之得以写成，来由甚早甚远。正如培刚先生所说，"诚然，读书使我获得知识。但是，如果没有我青少年时期在农村的亲身经历和生活感受，没有我大学毕业后走遍国内数省，先后六年的实地调查，特别是如果没有一颗始终炽热的爱国之心，我是写不出这篇博士论文的。"

(一) 青少年时期和大学求学时期：打下基础

培刚先生于1913年7月10日，出生于湖北省红安县（原黄安县）一个普通农民家庭，从小时候起就随家人从事过放牛、砍柴、栽秧、割谷等劳动，亲身感受到农民生活的困苦和农业劳动的艰辛；在他幼小的心灵里，就立下志愿要为改善农民生活、改进农业耕作寻觅一条出路。20世纪初叶和中叶，国内军阀连年混战，外侮日亟，特别是日本帝国主义亡我之心益炽，"五七""五九""五卅"国耻接连不断。先生常常自问：有悠久历史的中华民族，近百余年来，为何屡受欺凌，任人宰割？这种民不聊生、民族危亡的情景，日益促使他发奋读书，从无懈怠地探索富国强兵、振兴中华的途径。可以说，这是先生日后形成的人生观和学术观点的最早根源。

1929年春，15岁半，他插班考进武汉大学文预科一年级下学期；一年半后，预科毕业。

1930年秋，17岁，他顺利进入武汉大学本科经济学系一年级，1934年6月毕业。

据先生在1993年所撰写的一篇怀念大学基础课老师的文章中所言，他在预科学习的，几乎全部是基础课；在本科学习的，则大部分是专业课，小部分是基础课。他还在这篇文章中深情地说："我的大学老师都已作古，有的已离开人世四五十年。但不论是基础课老师还是专业课老师，他们的音容笑貌、举止风度，却永远留在我的脑海里；他们言传身教、诲人不倦的精神，却永远活在我的心中。"①

先生常说："百丈高楼从基础起，做学问也是同样的道理，必须先打好基础。"

先生在武汉大学读文预科和本科一年级时的主要基础课，是数学、国文、英文，还有论理学（亦称逻辑学或名学）；此外，还要选修一门第二外语和一门理科课程。

数学从文预科到本科一年级，都是由副教授程纶老师讲授，他讲课朴实清楚。由于培刚先生对数学有天分和特大兴趣，在中学时通常做练习总是赶在老师讲课进度的前头，根底较好；所以这次他报考武大插班虽然跨越了一年半，但他利用课余时间，自己加班加点，很快就补上了数学课的跨越部分。大概经过半年到一年，他就基本上赶上了进度。他还记得当年大学一年级的数学课主要是讲授解析几何和微积分；后来解析几何提前列为高中课程。

关于英文课，据培刚先生回忆，他在读文预科一年级时，是张恕生老师讲授；张老师体形魁梧特胖（可能是高血压，后来不幸早逝），发音清正，教课得法，对作文要求严格，是一位好老师；只因要求过严，且批评学生时语中常带讽刺，有些学生不喜欢他。在文预科二年级时，英文课老师是文华大学（后来改名为华中大学）骆思贤先生。骆老师长年在教会大学里工作，英语讲得流利，教课简明清楚。到大学本科时，经济系的基础英语课老师是哲学系胡稼胎教授。胡老师讲英语是一口"伦敦标准音"，引起培刚先生的浓厚兴趣，也大开其眼界（先生在此处加注曰：实际是"耳界"）。当时班上青年学生很顽皮，理所当然，先生也是其中之一。比如"Which"一词，按"韦氏音标"读法，他们故意译为"晦气"，而现在按伦敦口音（或"国际音标"）读法，又故意译为"围棋"，这里"h"是不发音的。胡老师讲课严肃认真，不但注重作文，而且非常注重

---

① 参阅张培刚《怀念母校讲授基础课的诸位老师》，载《百年树人 百年辉煌：武汉大学百年校庆记盛》，武汉大学出版社 1994 年版；转载《张培刚选集》，山西经济出版社 1997 年版。以下凡有关在武汉大学学习基础课事例，皆出自此文。

英文的修辞学。

英文课的张、骆、胡三位老师，教课认真负责，讲授得法，对学生要求严格，一丝不苟。培刚先生说，他当时受益匪浅，终生难忘。又据先生回忆，上面几位老师讲授英语，有以下三个特点：第一，大量阅读著名作家的短篇小说、短篇文章或传记文学选读，如莫泊桑的《项链》、莎士比亚的《威尼斯商人》、富兰克林的《自传》选读等。第二，反复讲清"语法"中的疑难部分，特别是时态和前置词的各种用法。第三，强调作文和修辞。先生记得从大学预科到本科一年级的三年内，所上的英文课，几乎都是每两周（至多三周）要写一篇作文。当时同学们被逼得真有点儿"敢怒不敢言"。但后来同学们都认识到这些做法是正确的。大约10年后，1940年暑期，培刚先生在昆明参加清华庚款留美公费考试，英文这门重头课，一个上午就只考一篇作文。这时，他内心更加钦佩他的几位大学英语老师高瞻远瞩，教学得法了。在大学本科上基础英语课时，他读到英国大哲学家弗朗西斯·培根的一篇有名文章，其中有两句他特意译成押韵的中文："多读使人广博，多写使人准确。"自后他一直把这两句话作为他的"求学座右铭"。

文预科的国文课，据培刚先生记述，主要是鲁济恒老师讲授的。鲁老师当时是湖北省有名的国文老师，他在读省一中时就已闻其名。鲁老师为人和蔼慈祥，两眼虽高度近视，但讲课声音洪亮，神情激昂，诲人不倦。教材以古文为主，亦有白话文章。作文每月一次到两次不等。培刚先生记得1929年春季入学后不久，第一次作文题是："论文学之创作与模仿"。他认为这是一个很大又很重要的题目，他写了三四千字。文中他谈到胡适之先生的"八不主义"，其中的几条他表示赞成，但有一条"不模仿古人"，他则表示不完全赞成。他写道："今人有好的，我们固然应该学习和模仿；但古人有好的，我们也应该学习和模仿。""不能因古而弃善，亦不能因今而扬恶。"不久，发还作文本，鲁老师在班上对他大加夸奖，并公开宣布给95分，是班上最高分。待他打开作文本，只见鲁老师对上面几句文字，用红笔浓圈密点；文章末尾还有一段评语，最后两句是："文笔如锐利之刀，锋不可犯。"可见培刚先生不赞成"不模仿古人"，是完全符合鲁老师的心意的。

谈到大学时期的国文课，培刚先生认为还要特别提到中文系刘颐（博平）教授。博平老师早年就是我国著名的文字学家。当年武汉大学已经开始形成一个良好的校风和教学惯例，那就是"凡属本科一年级的基础课，不论是为本系学生开的，或是为外系学生开的，都必须派最强或较高水平的老师去讲授"。所以当先生到了经济系本科一年级这个大系的班次时，学校特委派刘博平老师讲授国文，仍派程纶副教授讲授数学，又专派生物系台柱之一的何定杰（春桥）教授讲授生物学（当时按学校规定：文法科学生要选读一门理科课程）。博平老师虽然刚来武大不久，学生们却早已经知悉他是国学大师黄侃（季刚）先生的真传弟子，对说文解字、声韵训诂之学，造诣极深。他和后来的黄焯教授一道被学术界公认是章（太炎）黄（季刚）训诂学派的主要继承人。据培刚先生记述，博平师为人谦和，讲课认真细致，当时为班上讲《文心雕龙》及其他古籍书刊，旁征博引，字字推敲，引人入胜。先生特别记得有一次博平师在课堂上讲过：他们家乡（湖北广济县，属黄州府即后来的黄冈专区）把"去"读成"qie"（相当于"切"），你到哪里去，在他们家乡读成你到哪里"切"。其实这个读法并不"土"，而是"古"音。先生听后心中接连高兴了好几天。因为他的家乡是湖北黄安县，亦属于黄州府。他来武汉求学，平常说话，乡音极重，常被人笑为土里土气。现在可好了，他们家乡的这个土音原来是古音，再不怕人讥笑了。先生更记得，博平师常曰："吾推寻文字根源，每于一二字用意穷日夜，仍难得其声、义所由之故；泛览文史，辄日尽数卷，宁用力多而畜德少耶？然吾终不以彼易此。"博平师的这种孜孜不倦、锲而不舍的求知精神，使他终生引为典范，受益良深。

当年培刚先生在武大本科学习的基础课，除了国文、英文、数学外，还有必修课第二外语（他选的法文），以及他自选的第三外语

(德文)。

　　法文从本科一年级学起，共学两年。一年级的法文课是陈登恪教授讲授，从字母、拼音学起，着重语法和造句。据先生记述，陈老师真是一位忠厚长者，穿一身长袍，却口授外国语，在一般人看来，与其说他是一位洋文教师，还不如说他是一位八股中文先生。陈老师对学生和蔼慈祥，教课认真细致，很受学生的敬重。

　　二年级的法文课是当时知名女文学家、外文系教授袁昌英老师讲授。袁老师是当时武大经济系著名经济学家杨端六教授的夫人，她和当时武大中文系的苏雪林老师（后迁居台湾，近年以逾百岁高龄逝世，著名文学家）、凌叔华女士（当时武大文学院院长、著名学者陈源教授——字通伯、别号西滢——的夫人）一起，被称为"珞珈三女杰"。袁老师讲课，精神奕奕，声音洪亮，强调作文，选读法文名篇短文和小说，要求严格，从不含糊；有时袁师还挑学生朗读课文，回答问题。学生喜欢她，但也怀有三分畏惧之意。先生记得当时是1931年秋到1932年夏，正值学校由武昌东厂口旧校址迁往珞珈山新校址，袁师就给他们班上出了一个法文作文题："珞珈山游记"，真是非常应景。培刚先生觉得这个题目很有趣味，只是要使用的单词很多，难以拿准。他不断地查阅字典，对照法语书刊，几乎花费了一个星期的课余时间，才写完这篇短文。这时，他更体会到大哲学家培根所说的"多写使人准确"的深刻含义。

　　大学法文老师们的认真讲授和严格要求，使培刚先生终生获益甚多。他毕业后在中央研究院社会科学研究所从事研究工作时，不仅能阅读有关的专业法文书刊，而且撰写了几篇关于法文书刊的书评，先后都发表在该所编辑出版的《社会科学杂志》上。1941年秋，他赴美国哈佛大学读研究生时，不到一年的时间，就通过了第二外语法文的笔试。饮水思源，使他更加怀念和感谢在大学时的法文老师们。

　　这里要特别提到教过高年级法文课的袁昌英老师。袁师并不是专职的法文教师，她出生于1894年11月，是早年就以《孔雀东南飞》剧作而驰名文坛的作家,也是以长期研究西洋文学而著称的知名学者和大学教授,更是青年时就能冲破封建传统束缚、远涉重洋、留学英、法,专攻西学的女中豪杰。可是,这样一位著名的作家和学者,却在"文化大革命"开始后,就蒙受不白之冤,遭受心灵摧残和精神的严重迫害。培刚先生说,当他辗转听到袁师的艰难处境时,他自己也正在受审查、挨批判,从事艰苦的体力劳动,真是"泥象过河,自身难保";除了师生同病相怜外,亦只有暗中祷告上苍,降福斯人了。1969年12月,袁师以75岁的高龄,又由珞珈山被戴"罪"遣返湖南醴陵县转步口故乡;到1973年4月,在寂寞中悄然辞世。所幸党的十一届三中全会以后,袁师生前受到的"右派"和"历史反革命分子"等的错误处理,得到昭雪;母校武大也为她老举行了平反大会,袁师九泉之下有知,也可稍微得到慰藉。

再谈谈德文课。在大学三年级和四年级,培刚先生自愿额外选读了第三外语德文。教德文的是一位德国老师格拉塞先生。据说他是第一次世界大战时来到东方的,之后他不愿回德国,就在中国留住下来。他娶了一位日本夫人,添了两个女儿,女儿当时只有十几岁,都在读中学。格拉塞先生教书认真负责,讲课用简单德文,很有条理。一般来说,他比较严肃,但有时也很幽默。培刚先生总记得他把一堂德语课文编成了一个简单的笑话故事:有一天,老师给学生上课,说是要记住一条规律,凡物逢热就胀大,遇冷就缩小。一个学生连忙站起来,说道:"是的,我懂得了,所以夏天天热,白天长一些;冬天天冷,白天就短一些。"全班同学听后大笑起来;格拉塞先生当时已年逾半百,也和大家一样天真地笑着。

那时上海的同济大学,可说是全国高等学校中学习德文、运用德文的典型代表。为了便利教学,推广德文,该校编辑出版了《德文月刊》杂志,对教育界和学术界做出了很大贡献。培刚先生在大学四年级就开始订阅这份杂志,大学毕业后他仍然继续订阅,大大有助于他的德文自修,直到1937年抗日战争烽火蔓延上海,该校西迁后杂志停刊为止。由于大学时打下的根底,加上毕业后的连年自修，使他后来在工作中，已经能够用德文阅读专业书刊了。

在大学本科一年级，培刚先生还学习了一门基础课，那就是论理学，是研究思维的形式和规律的科学。当时教这门课的是屠孝寔老师，那时屠老师刚刚撰写出版了一本《名学纲要》，颇有名气。屠老师身材修长，举止文雅，讲课条理清晰，常以例子说明原理，步步深入，使人豁然开朗。这门课程，对于先生后来说理写作、分析和解答问题，佐助良多，终身受益。

最后，培刚先生在大学本科一年级读的一门课程，是生物学；就经济学而言，这可以说是一门基础课，但也可以说是一门专业知识课。当时按学校规定，凡读经济的学生，除数学必修外，还必须选读一门理科课程：物理学，化学，或生物学，任选一门。先生选了生物学。前面提到过，当年武汉大学有一个好传统，有关的系都是派最好的或较高水平的老师给外系的学生讲授基础课，生物系派出了知名教授何定杰（春桥）老师为一年级外系学生讲授生物学。据先生记述，何老师当时不过40岁左右，却已蓄起有名的"长髯"，嗣后在武大学生和同事中，就传开了颇有名气的"何胡子老师"。何老师讲课，不但条理清楚，而且生动活泼，引人入胜。先生当时对生物学这门课所讲的内容，特别是对遗传与变异，非常感兴趣。比如奥地利神父孟德尔通过对豌豆的著名实验，研究出基因（Gene）的分离规律；又如法国学者拉马克以"用进废退"学说，阐述长颈鹿的进化过程；至于英国大学者达尔文的"物竞天择、适者生存"的学说，更是令人推崇，启发深思的。

与生物课相联系，培刚先生在这里特别谈到两件事。

一件事是10年后，即1941年他留学美国，开始在哈佛大学研究生院学习。他在选读了张伯伦（Edward H. Chamberlin）教授的"经济学原理"之后，又选读了熊彼特（Joseph A. Schumpeter）的"高级经济学"和"经济思想史"（即熊氏后来撰写并在逝世后出版的《经济分析史》的雏形和概括）两课程。他记得熊彼特教授在课堂上就讲到了经济学的"达尔文学派"，其特点在于把达尔文的

"进化论"运用到经济演进过程的分析上。不仅如此,熊彼特本人也早就多次引用过生物学上的术语和概念。比如他在早期成名之作《经济发展理论》一书中,以其独成一家的"创新理论"解释"资本主义"的形成和特征时,就曾借用过生物学上的"突变"(Mutation)一词。熊彼特认为,"资本主义在本质上是经济变动的一种形式或方法",它从来不是"静止的"。他借用生物学上的术语,把那种所谓"不断地从内部革新经济结构,即不断地破坏旧的,不断地创造新的结构"的过程,称为"产业突变"(Industrial Mutation),并把这种"创造性的破坏过程"看做关于资本主义的本质性的事实,所以他认为"创新""新组合""经济发展",是资本主义的本质特征,离开了这些,就没有资本主义。从这里培刚先生体会到,社会科学与自然科学之间,不仅在方法论上,而且在有些理论上,两者确实有相通之处;他更体会到,当年母校规定经济系学生必须选读一门理科课程,是有重要意义的。

另一件事是再过10年,即1950年到1951年,当时正值我国奉行"全面学习苏联"的时期。与之相联系,在生物学界也大力介绍和宣传"米丘林学说"及其代表人物"全苏农业科学院院长"李森科的事迹。本来,在当今世界上,为了走向现代化,介绍和宣传现代科学上任何一种新学派都是完全必要的,也是无可厚非的。可是,李森科除了一方面把自己的论点和看法所形成的概念称作是"米丘林遗传学"外,另一方面却把当时国际上广为流传的摩尔根学派"基因理论"说成是"反动的""唯心的",并且利用权势,排斥各个持不同观点的学派。影响所及,特别在当时社会主义阵营的国家里,造成了科学研究上的严重不良后果。我们知道,托马斯·亨特·摩尔根是美国及国际上著名的遗传学家,早年曾在"孟德尔定律"的基础上创立了"基因学说",著有《基因论》《实验胚胎学》等著作,1933年获诺贝尔生理或医学奖。而李森科面对这种现实情况,却完全抛弃了实事求是的科学态度,反而把"基因理论"和摩尔根学派一概加以否定、排斥和打击。我国当时的生物学界,在极"左"

路线的指引下，亦随声附和，以致当时生物学界不少对摩尔根遗传学说素有造诣的老专家如谈家桢教授等，横遭指责和批判，长期蒙受不白之冤。直到"文化大革命"结束，特别是1978年党的十一届三中全会以后，事实真相才逐渐大白于天下，是非曲直也才逐渐得到端正。可见，学海如战场，为了应付随时飞来的袭击，做学问的人也必须具有承受各类事故的极大勇气和牺牲精神。

以上培刚先生之所以不厌其烦地花费了较大篇幅，追述他在武汉大学文预科和经济系本科一年级学习基础课的情景，主要是依据先生本人的看法和要求。一方面，这一段打下基础的经历，是他日后考上出国留学并用外文写成博士论文《农业与工业化》的直接和重要的渊源。首先，如前面所谈1940年暑期在昆明和重庆同时举行的清华庚款公费留美生考试，英语一个上午只考一篇作文，如果没有大学时期打下的较深基础，那是得不到优秀成绩、甚至难以考上的。其次，如果没有英、法、德三种外语的基础，不能充分利用哈佛图书馆通过大量阅读和引用有关外文书刊，那也难以写出获得哈佛经济专业最佳论文奖并列入《哈佛经济丛书》的博士论文。再次，在其他基础课程方面如中英文语法、逻辑体系、达尔文学说进化思维等，不仅与《农业与工业化》的写作，而且与终生的学术写作，都具有深切的关联。当前学术界在学风和文风上，由于"左"的路线和"文化大革命"及其他方面的原因造成的不良影响，急功近利、浮躁浮夸之风颇为流行。此风如不刹住，必将影响子孙后代，贻害无穷。

在大学时期，据培刚先生记述，除了打好做学问所必须具备的一般基础外，同样重要的是打好经济学专业基础。1930年秋，先生进入武汉大学经济系本科学习，那时法学院（包含法律、政治、经济三系）教师阵容极强，在国内可称名列前茅。就经济系而言，著名教授及其开设的课程有：周鲠生（宪法、国际法，法学院共同课程），杨端六（会计学，含成本会计、货币银行、工商管理），皮宗石（财政学），刘秉麟（经济学、货币银行、经济学说史），陶因

（经济学），任凯南（外国经济史、外国经济思想史），李剑农（中国经济史、中国近代政治思想史），朱祖海（统计学），张竣（国际贸易，含海运保险）等，可谓极一时之盛。

当年武汉大学经济系的教学，据培刚先生言，有三大特点：

第一，教与学极其认真。那时经济系的教师，大多数留学英国，只有陶因师留学德国，而周鲠生师除留英外，还留学法国巴黎大学，取得法学博士学位。他们的学风和作风踏实认真，注重基础，人人国学功底深厚，撰写讲稿和发表文章水平极高。这对青年时期的培刚先生影响极大，终生奉行不渝。

第二，理论与实务并重。比如设置的课程，既重视理论课程，如经济学、经济思想史、货币银行学、国际贸易学等；又重视实用课程，如会计学、成本会计学、统计学、工商管理等。因此武大经济系毕业的学生，一方面，不少是在大学里讲授经济学或经济思想史课程；另一方面，又有很多在国家机关或实际部门担任会计或统计工作，不少还担任大型国营工厂如钢铁公司、机械厂、造船厂等的会计主任或会计处长。

第三，那时武大法学院的经济系，在课程设置上，还有一重大特点，那就是非常重视法学课程，除前面已经提到的宪法、国际法外，又有必读的民法概要、商法、保险法、劳工法等。

据培刚先生记述，他在武大经济系本科四年的勤奋学习（年年得系奖学金，全系成绩最优；毕业时得法学院奖学金，全院成绩最优），确实为他后来考取清华庚款公费留美、从事农业国工业化问题研究并取得较优成绩，打下了扎实的基础。

其中还要着重提到关于任凯南师讲授的外国经济史和外国经济思想史两门课程。培刚先生回忆，任师讲课，湖南乡音极重，但条理分明，十分详尽。讲到激昂处，喜用口头禅"满山跑"，即遍地开花结果或遍地发展之意。任师讲英国产业革命起源，特别是讲述纺织工业的兴起过程，极为详细，比如讲"飞梭"的发明及其广泛传播应用，就在好几处用了"满山跑"口头语。当时培刚先生在教室里听课做笔记，为了求快以免遗漏，同时也来不及另行措辞，就直接写下很多处的"满山跑"，成为他这门课笔记的一大特色。任师不但在课堂上讲课认真，还要求学生在课堂外阅读英文参考书，主要是关于欧洲经济史和产业革命史的。培刚先生说，任师见他读书用功，特在自己的书库中，拿出英国瑙尔斯（L. C. A. Knowles）教授撰写的一本英文名著《19世纪（英国）产业革命史》（伦敦，1927年版），送给了他，让他细读。据先生回忆，在大学毕业前的一两年内，他确实挤出时间将该书读完。他感到任师讲授的这两门课，加上阅读有关的英文参考书籍，他已开始认识到两点：第一，像中国这样贫穷落后的农业国家，除了实现国家的工业化、兴办现代大工业之外，别无振兴经济之道。第二，但他从老师的讲课和自己阅读欧洲经济史的书刊中，又得知在城市大工业兴起的过程中，却引起乡村工业纷纷破产，加上土地兼并之风接踵而来，又使得广大农民不得不背井离乡，流落城市街头，景象十分悲惨。因此，他不断思考，终于又得出一条崭新的思想：在实行城市工业化的同时，也必须实行农村工业化。这一思想表现在两年后他发表的《第三条路走得通吗？》一文中。与此同时，也使他初步认识到，要走"实业救国""教育救国"实现工业化的道路，还必须借鉴于西方。

培刚先生更补充强调说，上述武大法学院的几位老师，不仅是学识精纯的著名经济学家或法学家，而且是道德文章品格高尚的教育家。就时间顺序言：李剑农师曾任湖南省教育厅厅长，皮宗石师、任凯南师先后担任过湖南大学校长，陶因师曾任安徽大学校长，周鲠生师从1945年到1949年任武汉大学校长。还有杨端六师，20世纪30年代初期，曾被礼聘兼任军事委员会审计厅上将衔厅长，不过以他老那样性格耿直、办事认真的态度和作风，实在很难见容于官场，所以，仅仅一次或两次暑期到任之后，他老就借故辞职、回校专门从事教书了。

（二）在前中央研究院社会科学研究所时期：从事调查研究工作

1934年6月底，培刚先生在武汉大学毕业，旋即按预约选送进入前中央研究院社会科学研究所，从事农业经济的调查研究工作。著名社会学家陶孟和所长，十分重视社会调查，反对泛泛空论。先生在该所工作6年中，足迹遍及河北、浙江、广西和湖北的一些乡村、城镇，了解民情，掌握第一手资料，先后写成《清苑的农家经济》《广西粮食问题》《浙江省食粮之运销》等书，相继由商务印书馆出版。此外，他还就农村经济、货币金融、粮食经济和农村调查方法等方面的问题，在《东方杂志》《独立评论》《经济评论》等刊物上发表了多篇论文。

20世纪20年代末30年代初，在探讨中国经济的发展道路问题上，学术界曾经展开过一场"以农立国"，抑或"以工立国"的辩论。最先有一些人提出两条可供选择的道路：一条是主张复兴农村，另一条是主张开发工业。后来有一些学者撰文提出第三条道路，主张在农村兴办乡村工业，作为中国经济的出路。主张走第三条道路的学者们，不赞成兴办整个国家现代工业的工业化，因为他们认为中国在帝国主义压迫下，都市现代工业难以发展起来，所以只能采取在乡村集镇开办小手工业或乡村企业，慢慢发展后就可以促进整个国家的经济发展。1934年秋冬间，培刚先生当时21岁，刚从大学毕业进研究所，血气方刚，写了一篇《第三条路走得通吗？》（载于《独立评论》杂志1935年2月第138号），与撰文主张走第三条道路的教授学者们展开辩论。文中先生明确表示了第三条道路行不通。他写道："诚然，农村工业是分散的，但经济的压力如水银泻地，无孔不入；说农村工业易免去飞机的轰炸则可，说能免去帝国主义经济的束缚与压迫，就未免太不认清事实了。所以我们觉得，在帝国主义经济的压力不能免除之时，发展都市工业固然不容易，建立农村工业也是一样的困难。"如前所述，培刚先生在大学学习时，已经从西方发达国家的近代史文献中了解到，它们的经济起飞和经济发展，乃得力于进行了"产业革命"和实现了"工业化"。因而他在文中强调，中国要振兴经济，变落后国为先进国，也必须实现"工业化"。他特别提出，"工业化一语，含义甚广，我们要做到工业化，不但要建设工业化的城市，同时也要建设工业化的农村。"他在文中又指出，"对于提倡农村工业，我们并不反对，尽管它成功的可能性很小。我们只是觉得：中国经济建设前途，是走不通农村工业这条路的，换言之，农村工业这条路，不能达到都市工业的发展，因而不能达到工业经济的建立。"由此可见，《农业与工业化》这篇论文，虽然完稿于20世纪40年代中期，但其思想酝酿却应追溯到20世纪30年代初期和中期。

关于培刚先生进入研究所后的具体调查研究工作，据他叙述，当时陶所长分配给他的第一个任务，就是整理该研究所在1930年由陈翰笙、王寅生、韩德章、钱俊瑞、张稼夫、张锡昌诸位先生主持，所进行的规模比较庞大的"清苑（河北保定）农村经济调查"资料，并写出研究报告。该项调查资料涉及一千五百余户农家，一户一册资料，堆聚了半个小房间；调查内容丰富细致，在国内确属不可多见。只是一来他生长在南方，刚出大学门，对北方农村情况和农民生活，尚不熟悉；二来此项调查是五年前进行的，对可能的变化情况，亦不清楚。幸好有老同事韩德章（后为北京农业大学教授），曾参加过当年此项调查，而且大学是农艺系毕业的，在北方和南方进行过农作物和农村经济调查。为此，经所长同意，在德章先生的指教和协助下，两人一起，于1934年冬专程到保定城区和清苑四邻乡村进行了一个月的补充调查。紧接着回北平后经过几位青年同事的协助计算和他本人的撰写工作，乃于1935年年底完成了《清苑的农家经济》研究报告，于1936年在上海商务印书馆出版。

第二个较大的工作任务，就是1936年夏，因日军入侵华北，局势日益紧迫，研究所早已于年前迁至南京，这时，受资源委员会之委托，特命张之毅、培刚先生两人带领数人赴浙江进行全省粮食运销调查。着重之点有三：①搜集全省各区之粮食移动数字；②在重要市场设立粮运情况报告制度；③详查粮食的运销机构。前两点乃应资源委员会之要求，后一点则循本所学术研究之需要。此外，并搜集各市场历年的粮食价格（包括乡村价格、批发价格及零售价格）；又选取重要粮食区域，举行主要粮食作物生产费用调查，以求种植粮食作物与非粮食作物之比较利得。调查范围颇为广泛。

浙江全省粮食调查工作，除他们两人担任外，还有研究所张铁铮先生协助。与此同时，他们还得到浙江大学农业经济系主任梁庆椿教授的大力支持，特派毕业班两位本省籍同学许超、叶德盛两君参加；由于江、浙地方口音难懂，因而两君兼管调查和口译，对工作的顺利进行，帮助良多。6月，他们这一行人在杭州会合，然后兵分浙西和浙东两路，分赴各市镇商店进行访问和调查。此次总计调查区域遍及32个县、市，56个市场，而于杭州市之湖墅，浙西之硖石、湖州、泗安，浙东之宁波、绍兴、温州，浙中之兰溪、金华等市场，尤为注重。调查时间自6月下旬至9月中旬止，共计约3个月。

回南京后，因资源委员会亟待参考浙江省粮食移动数字，故先将这一部分资料提前整理应命，费时两月。直至1937年年初，他们开始拟定浙江粮食运销的研究报告。稿未竟而"七·七"卢沟桥事变爆发，日军大举侵略华北；紧接着上海"八·一三"全面抗战发生，南京时遭空袭，研究所计议迁往湖南长沙，撰写工作陷于停顿。不到一月，之毅先生因任教陕西国立西北农专，培刚本人则因广西约往研究和设计该省战时粮食方策，先后请假离所，本书之编写，乃不得不暂行搁置。至1938年，研究所由湖南迁广西阳朔；9月，他销假回所，认为此次调查所费心力甚多，且材料至为丰富，不忍将全部工作遽而中辍，遂着手继续撰写。是年底，稿将完成时，研究所因华南战事再度吃紧，又拟从广西迁至云南昆明，他为了免于一再延展起见，特在起程前，抓紧时间将全部脱稿，成为《浙江省食粮之运销》一书，1940年由商务印书馆出版。

第三个较大的工作任务，就是从事广西粮食问题的调查和研究。正如上面提到的，1937年上海"八·一三"抗日战争全面爆发，南京时遭空袭，前中央研究院社会科学研究所乃又计议西迁。趁此时机，培刚先生遂向研究所请假一年，应允千家驹先生（原系研究所老同事，当时任广西大学经济学教授，并兼任新成立的该校经济研究室主任）之邀约，赴桂林担任该室研究员，从事广西粮食问题的调查和研究工作，并设计战时广西粮食问题之管制方案。当时一同任职的，还有主管广西交通问题研究的陈晖先生（惜英年早逝），及主管统计、绘图和资料整理的徐坚先生（20世纪50年代，他曾从德文原文再译马克思的《政治经济学批判》）。广西省府各厅及统计室，甚为重视经济调查和统计数字，除已出版的《广西年鉴》外，还做了一些专题调查研究报告。他们还和省统计室密切合作，在张俊民主任、刘炳燊专员、黄华庭专员的热诚协助下，又进行了一些必要的补充调查。至1938年暑期，经过了大半年的忙碌，他写成《广西粮食问题》一书，当即交由商务印书馆出版。

最后，与中国粮食经济的调查研究有关而特别值得一提的，是当时设在南京的实业部中央农业实验所按期刊行的全国《农情报告》及其主持人员。新中国成立以前，我国对于有关全国人口、耕地面积和农业生产的数字，因未作全国普查，故付之阙如。一般只有零星调查或全国性的数字估计，因而从事研究工作，深感困难。该实验所农业经济科负责人汤惠荪教授和具体主持人杜修昌先生，有鉴于此，特在全国各县城或乡镇，选取一些有代表性的点，委托一位统计员，每年按季节向实验所报告该地区农作物种植面积和产量，后来又扩展包括家畜、家禽，称为《农情报告》。从此，经济学界的研究工作，较为方便，颇感助益。1936年春，社会科学研究所迁南京后，培刚先生便特地到中山陵附近的中央农业实验所拜访汤惠荪和杜修昌两位先生，大家谈起做调查研究工作之甘苦，颇有一见如故之感。以后因工作需要他又与修昌先生往来数次，"八·一三"全面抗日战事起，两单位乃各自西迁，青年时之相交自后亦劳燕分飞，惜无再见之缘。

培刚先生从大学毕业参加工作几年来，从以上数次对中国农家经济和粮食问题的系统调查研究中，作为一个青年学子，已经获得了有助于尔后学术研究的几个重要认识：

第一，所谓"南人食米，北人食麦"的说法，嫌过于笼统。实则南人中小贫困家庭，除少量米谷外，食用麦、薯（红苕）、杂粮、豆类、瓜类所占比重亦大；而北人贫苦家庭除少量小麦外，食用杂粮，特别是玉蜀黍（包谷）、粟米、高粱、豆类、瓜菜等，所占比重亦甚大。

第二，不能由于有些年份米粮进口甚多，就认为我国粮食不能自给。从20年代至30年代，我国洋米进口，特别是沿海上海、宁波两市，大量输入安南的西贡米，缅甸的仰光米，为数甚巨，有些年竟占据海关进口首位。为此，国人常叹："我国以农立国，而粮食竟不能自给，不亦悲乎!?"这样的人士，充满了爱国之心，所发肺腑之言，实堪钦佩。但当年培刚先生等人经过了几番粮食调查（特别是浙江省食粮运销之调查）便认识到：洋米之大宗进口，并非由于我国国内粮食生产不能自给，而是由于：其一，当时海关主管权掌握在洋人手里，洋米进口收税甚微，且手续极为简便；其二，由于国内交通不便，沿途关卡重重，运费及关卡费用层层加码，致使内地湖南、四川多余米粮，运至上海、宁波，所费昂贵，竞争不过洋米。当年，国人眼睁睁地望着上海、宁波米粮市场为洋米所独占，亦徒唤奈何!

第三，在发展中国家的农村市场，无论是农民的买方市场，还是他们的卖方市场，都不存在"完全竞争"。培刚先生从上述在农村和乡镇所进行的几种调查中发现并认识到，一方面，当农民向城镇粮行出售中小额稻谷、小麦、杂粮或花生、芝麻、油菜籽等粮食作物或油料作物时，这种市场主要由粮商垄断，农民只有出售与否之微小选择权（在大多数场合，由于情势所逼，亦不得不贱价出售），而无讨价还价之力。另一方面，农民所需用的农业生产资料，如农药、化肥、农具等，这种市场，同样亦主要为城镇另一批商人所垄断。这种对农民双重不利的情况，使他印象深刻，经常为农民叫屈。迨后40年代初，他考取清华庚款留美公费生，至哈佛大学研究生院学习，在读了一两年基础理论课程之后，又特地选读了"垄断竞争理论"创始人张伯伦（Edward H. Chamberlin）教授的"垄断竞争理论"研讨课和被誉为"美国农业经济学之父"的约翰·D. 布莱克（John D. Black）教授的"农业经济政策"研讨课。在课堂讨论时，不少洋人同学发言，而且大都从新近出版的书刊上引经据典地说：完全竞争的情况，现在大城市里和大工业里已经很少看到；倒是在农产品和乡村市场上，由于农民人数多，且又分散，因而他们对出售的价格和产量难以控制，所以完全竞争还是存在。培刚先生当时几次三番，用他在国内调查研究所得到的资料情况加以说明和辩解，并指出：农民参与市场人数多，只说明农民这一方难以形成垄断力量，而另一方粮商或农业生产资料商，在小城镇只有三两家，甚至一家，易于形成垄断，正好用张伯伦教授讲授的独家垄断理论或寡头垄断理论来解说。同学们听后，先是愕然，继而觉得很新鲜，最后感到很有说服力。当场张伯伦教授和布莱克教授也都分别在自己的讨论课堂上，频频点头称是。自后约一年，培刚先生开始撰写博士论文《农业与工业化》，在第二章第四节"农民作为买者与卖者"，便把他的这一不同于当时一般外国学者的重要而又新颖的观点，写进了文稿里。

第四，通过上述几种有关经济问题的调查研究，特别是广西粮食问题的调查研究，培刚先生初步认识到并提出了粮食与经济活动的区位化理论。首先是粮食生产的地域分布与人口定居的方式之间的区位化关系。在农业国家或经济比较落后而工业化尚未开始进行的国家，人口的分布主要是由粮食的生产所决定的。在研究上述关于广西粮食经济结构的特点时，他曾和当时的同事徐坚先生一起讨论，并由徐精细的手笔绘制成两图，以表明稻谷种植的分布情形和人口定居的分布情况，从而发现了两图完全符合，进而悟出了粮食生产分布决定人口定居分布的区位化关系。其次是粮食生产的地域分布与粮食加工工业及有关手艺如碾米、磨麦（面粉厂）、酿酒、榨油、打豆腐等手工业和作坊的区位化关系。前者不仅可以决定后者的区位，而且可以决定后者的形态和活动。

1943 年，培刚先生在哈佛研究生院学习的第三年，师从经济史学大师厄谢尔（A. P. Usher）教授读完了"欧洲经济史"课程之后，又读到大师刚刚出刊的《经济活动区位理论的动态分析》打印本，使他对上述问题有更深入一层的体会。他认识到，这种区位理论的动态方法，能指出各个历史阶段基本区位因素的变迁，而这种基本区位因素正是其他各种经济活动的中心。例如新的区位动态方法就曾发现，从 18 世纪到 20 世纪，以粮食为主的区位形态，演变为以煤为主的区位形态。至于变迁的原因，则是普遍应用现代动力于工业上的缘故。这样，他更加理解到，以粮食作为主要区位因素，乃是经济欠发达国家在工业化开始以前的一个普遍特征。

第五，通过以上数年的农村经济调查，培刚先生还认识到一个根本情况，那就是我国农民家庭每年的辛勤劳动所得，一般抵不上缴纳地租和缴纳政府捐税的负担数额。早在 20 世纪 30 年代中期，他曾用调查研究所得的资料，写成《我国农民生活程度的低落》一文（载于《东方杂志》1936 年新年特大号），大声疾呼社会人士和政府当局，重视农民生活日益困苦的问题。20 世纪 50 年代初期，我国经过土地改革，农民生活一般均有改善；特别是近二十年实行邓小平倡导的改革开放政策以后，又特别是在东南沿海地区，不少的农民家庭开始富裕起来。但就全国而言，农业生产进步迟缓，农民生活水平进一步提高亦相当困难。农民的捐、税、费负担，名目繁多，大有不堪重荷之苦。最近政府有鉴于此，已开始着手大力整顿，锐意改革，但望早日取得初步成效。

在社会科学研究所五六年间，除了深入实地调查之外，培刚先生认为，该所还有一个值得提倡的好制度，那就是坚持每两周举行一次"读书会"，会上由事先指定的一位研究人员，就自己的专题研究成果或进行中的问题向大家做出报告，然后开展询问和讨论。这样，既有利于相互交流研究经验，又可以扩大学术上的知识境界。

1940 年春，1—2 月，这时社会科学研究所已由广西阳朔迁至云南昆明一年有余，从昆明最高学府"西南联大"（北大、清华、南开临时联合大学)里传出了一个激动青年学子的消息：停顿了数年之久的清华庚款公费留美考试，第五届将于本年8月分别在昆明和重庆两地同时举行，共招收16名（外加林森奖学金1名），每个科目1名，其中绝大多数为理工科门类，而文科只有两名，计经济史1名、工商管理1名。培刚先生当时认为这是难得的一次出国深造的大好机会，值得努力争取，遂决定报考"工商管理"门。据招考简章，除英语外，该科须考五门专业课程：经济学、货币与银行、劳动经济、成本会计、工商组织与管理。当时他已离开大学课堂五六年，在社会科学研究所里主要是从事农业和农村问题、特别是粮食和其他农产品运销问题的调查和研究工作。现在如要参加考试，对这几门重头课就必须重新下一番扎实苦功进行准备。于是他向研究所请了长假，除本所图书馆外，并托友人向西南联大和云南大学图书馆，借阅国内知名教授有关上述各专业课程的专著、教材或杂志论文，共计近二百册：一方面有选择地通读；另一方面择其重要者精读，摘录作笔记。8月在昆明云南大学一教室内笔试。英语和五门专业课，连考三天，总监考教师是西南联大教务长，有名的"独脚教授"社会学家潘光旦先生。培刚先生记得英语是一个上午只考一篇作文；五门专业课考试题只记得"劳动经济"考了"斯达汉诺夫"运动，此题答得较好，这要归功于陈达教授的《劳工问题》一书。

考试完毕，他将何往？这时研究所已再度迁至四川内地乡镇"李庄"，他不愿前往，而想留在昆明附近，等候发榜；同时打算就手边积累的资料，撰写《中国粮食经济》一书。恰好当时华中大学驻昆明办事处主任、挚友青年教师万先法先生对他言道：学校已迁至大理喜洲镇，迁校任务完毕，办事处即将撤销，他本人将去喜洲，回母校任教，劝培刚先生一同前往。10月间，两人雇舟同行。果然，喜洲毗邻苍山洱海，依山傍水，风景壮观，民风朴实，环境宜人，实为读书、写作之胜地。

1941年4月，他忽然接昆明友人一信，附剪报一纸，上面载有

"清华留美公费考试发榜"之消息,共取 17 名(内有林森奖学金 1 名),每种门类 1 名,其中文科门类仅 2 名:张培刚(工商管理)、吴保安(经济史,按:吴保安即吴于廑);理工科 15 名:屠守锷(航空工程)、叶玄(汽车工程)、孟庆基(汽车制造)、吕保维(无线电工程)、梁治明(要塞工程)、陈新民(冶金学,林森奖学金)、黄培云(冶金学)、胡宁(金属学)、励润生(采矿工程)、陈梁生(土壤力学)、汪德熙(化学工程)、朱宝复(灌溉工程)、黄家驷(医学)、蒋明谦(制药学)、陈耕陶(农业化学)。越数日,接清华正式通知:告知他已被录取"工商管理"门;"清华留美考委会"为他指定和聘请武汉大学杨端六教授、清华大学陈总(岱孙)教授为留学导师,以备他留美选校及其他有关事宜请教和咨询。培刚先生于 5 月初如期至昆明西南联大内"清华留美考委会"报到;并于 6 月间赴重庆办理出国留学护照等手续,7 月飞抵香港。在港签证、订船手续甚为繁琐,直到 8 月中旬,始得以搭乘美国大型邮船"哈立逊总统"号启程,三周后,抵达美国旧金山。盘桓三数日,改乘火车自西至东三整天,横跨全国,抵达波士顿,旋即进入康桥哈佛大学。

(三)在哈佛大学留学期间,学习和研究升华

1941 年 9 月中旬,培刚先生进入哈佛大学研究生院工商管理学院,学习制图学、时间研究、动作研究、产业组织、运销学、采购学、统计管理、会计管理等实用课程。对他印象最深刻的是"案例教学"这种独特的教学法,使他较快和较深入地了解到以美国为首的现代工业社会的一些具体情况和特点,并结合参观工厂、农场、林场等,加深了感性认识。

在工商管理学院结束了包括暑天在内的三个学期之后,为了研究经济落后的农业国家如何才能实现工业化的问题,1942 年秋他转到文理学院研究生院经济系学习经济理论、经济史、经济思想史、农业经济、货币金融、国际贸易等课程。当时哈佛经济系的教师阵容空前整齐,名家汇聚,可谓极一时之盛。有以"创新理论"而蜚声国际经济学界的大师熊彼特,以"垄断竞争理论"而闻名的张伯伦,有被誉为"美国农业经济学之父"的布莱克,有被称为"美国凯恩斯"的汉森(A. H. Hansen),有以研究技术革命为中心线索的经济史学家厄谢尔,有以《繁荣与萧条》一书而享名的国际贸易专家哈伯勒(Gottfried Haberler),还有当时比较年轻,以倡导"投入—产出法"而崭露头角,后来获得诺贝尔经济学奖的里昂惕夫(Wassily W. Leontief),等等。在这批大师们的指导下,先生视野开阔,受益深厚。

1943年11月至12月学期将结束时,培刚先生进行硕士学位考试,以便取得撰写博士论文资格的答辩。他还清晰记得,对他来说,这是一次难度很大的答辩。参加的教师共4人,主席布莱克教授,成员有厄谢尔和主讲经济周期的弗里克(Edwin Frickey)两教授。本来,讲授经济学理论的张伯伦教授应该出席(张伯伦的经济学理论课,被称为"Eco. 101",是经济系排在首位必修的重要课程,他已修过,成绩较好。他还修了张伯伦的专题讨论课,学期终了,做了一篇考核论文,题为《关于"厂商均衡理论"的一个评注》,甚得张伯伦教授的赞许,给本文的评分为"A",评语为"A very good paper, indeed. It seems to me, on the whole, quite sound."——真正是一篇很好的论文,在我看来,总体上十分正确)。他原以为张伯伦教授会参加这次答辩,加上布莱克教授等,通过就有相当把握了。谁知事出意外,临时由于张伯伦被派往欧洲处理第二次世界大战中美国与欧洲有关经济外交事宜,而由刚到哈佛不久讲授经济理论课的副教授里昂惕夫代理参加。教授们上面坐镇,他本人坐在下面,犹如"三堂会审",及时回答老师们就经济理论、经济周期、经济史、农业经济等方面所提出的问题。其中提问题最多者是里昂惕夫。里氏是美籍俄罗斯人,十月革命后迁居中国东北地区,曾在东北南满铁路工作过一段时间,俄语口音极浓,讲话中弹音特多,一个问题接一个问题发问。坐在下面的张培刚全神贯注、屏息静听,却常常听不清楚,弄得面红耳赤,十分紧张,只好一再恳请重复一遍,

"Beg your pardon","Beg your pardon"。两个半小时宣告结束,张培刚情绪沮丧,等待"判决"。后来布莱克教授将他叫到一旁,轻声地告诉他"你通过了",才使他忐忑不安的心情稳定下来。据他猜想,教师们是经过一番争论后通过的,成绩也只能是勉强及格。这使他联想到,他的中国同学中有的平时学习非常努力,期考成绩也不错,却没有取得硕士学位、继续攻读哈佛的博士学位,估计就是卡在这个关口上。

取得撰写博士论文资格后,面临博士论文的选题。如前面所述,培刚先生出国前曾经发表过三本著作和多篇论文,出国时也携带了一些他亲自所作的调查资料,如果以中国农业经济、中国粮食经济或联系有关问题撰写论文,可以驾轻就熟,比较轻松地完成任务。但是他始终定了要实现青少年时代立下的志向,那时又正值第二次世界大战即将结束的前两三年,他想到大战后中国必将面临如何实现工业化这一复杂而迫切的历史任务,应该以中国工业化为中心目标,从世界范围来探讨经济落后的农业国家,在工业化过程中必将遇到的种种问题,特别是农业与工业的相互依存关系,及其调整和变动的问题。当时在他所阅读的书刊中,尚未见到一本对农业国工业化问题进行过全面系统研究的专著。于是,他决心付出更多的时间和精力,走一条前人未涉及的路径,啃"农业国实现工业化"这块硬骨头。遂商得指导教师布莱克和厄谢尔两教授的同意,将《农业与工业化》作为论文题目,立足中国,面向世界,从历史上和理论上比较系统地探讨农业国怎样实现工业化的问题。

博士论文题目确定后,他申请到哈佛图书馆6米见方的空间,可以放置一张小书桌和一个小书架,花费了将近一年半的时间,用英文、法文、德文和少量的中文,翻阅了大量的历史文献和统计资料,仔细阅读了有关英国、法国、德国、美国、日本、苏联诸国从"产业革命"以来各自实行工业化的书刊,摘录了盛满几个小铁盒的卡片,记述了这些先进国家实现工业化的主要情况和经验教训,以及少数农业国家的现实情况和重要问题。接着他以严肃认真的态度,又花费了大约 9 个月的时间，每天坐在英文打字机旁，全神贯注、极其辛劳地根据草拟的提纲，边思考、边打字，终于在 1945 年 10 月完成了这本《农业与工业化》英文论文稿。

博士论文答辩于 1945 年 12 月上旬举行，参加的教师与上次博士资格答辩一样，成员不变。有论文指导教师布莱克和厄谢尔，还有弗里克；此时里昂惕夫的英文口语已大有长进，不仅一改上次咄咄逼人的发问，而且显得平和而客气。教授们一致肯定论文写得很好，答辩气氛融洽，顺利地通过，并一一与他握手表示庆贺。几天后，布莱克和厄谢尔先后面告张培刚，要他将论文送系办公室，参加威尔士奖的评奖竞争。办公室的工作人员都是女士，她们要他将真名隐去改用假名，他临时将名字改为"Peter Chandler"填在论文封面，上交送审。

培刚先生通过哈佛大学哲学博士学位考试后，曾于 1946 年春夏间相继在纽约和南京工作了数月，于 1946 年秋季按聘约到母校武汉大学经济系任教。1947 年 4 月接获哈佛大学通知，得悉这篇送审的博士论文获 1946—1947 年度哈佛大学经济学专业最佳论文奖和威尔士奖；并知悉此论文已被列为《哈佛经济丛书》第 85 卷，将由哈佛大学出版社出版。当时国内报刊适时登载了这一讯息，有一报纸以《哈佛论经济，东方第一人》为标题，做了报道。

关于《农业与工业化》一书的简要说明

《农业与工业化》英文本一书，乃于 1945 年写成、1949 年出版。这是一个中国学者以他的智慧、勤奋和执着求真的精神，努力多年的学术成果。此书可说是第一部试图从历史上和理论上比较系统地探讨农业国工业化，即农业国家或经济落后的国家，实现经济起飞和经济发展的学术专著。其中有些理论直到 20 世纪 60 年代、70 年代，甚至 80 年代，才为西方经济学界逐渐认识。

全书共分六章，并有附录两则，这两则附录是作者对"工业"

和"农业"所作的深层次讨论的基本概念。

借此,仅简要说明两个问题:

(一)"基本概念"两点,变为"附录"两则

1945年冬,培刚先生在哈佛大学通过博士学位考试。1946年2月,他接受了我国资源委员会驻纽约办事处聘请为专门委员,答应临时工作6个月:纽约3个月,南京3个月,研究我国农业机械化问题。与此同时,美国宾夕法尼亚大学库兹涅茨教授(Simon Kuznets,后为哈佛大学教授)也被聘为该会的顾问,为我国设计关于改进国民收入统计制度的建设方案。在纽约任职期间,库兹涅茨教授曾仔细阅读了培刚先生《农业与工业化》的英文博士论文底稿。阅后他提了一个建议说:"你的论文写得很好,只是开头的关于工业和农业的'基本概念'写得理论性太强了(too theoretical),一般读者一开头阅读起来就会感到困难而不易理解,最好移到后面。"先生接受了他的建议,将"'工业'的概念"以及"农业作为一种'工业'与农业对等于工业"两个论述移至全书后面,作为两则附录出版。1981年初夏,培刚先生赴美国新泽西州开会,会后到了波士顿和康桥,重访母校哈佛大学,见到阔别35年之久的老友哈佛大学教授杨联陞,古稀之年重逢,两人非常高兴。在一家中餐馆就餐时,杨联陞从书包里,取出他收藏几十年的《农业与工业化》英文本,要培刚补行亲笔签名留念,并翻到此书尾部的附录A和附录B(中译本附录一、二)的全书最后一页的附注(英文本第244页,中译本第251页)说:"我对你的这个注解很感兴趣,你的这个见解很重要,很新颖,很有现实意义;对人文科学和社会科学的研究方法可算是一个创见,我非常赞同。只是你却将这个重要问题作为附录,放在书的最后部分,未免不易引起人们的注意和重视。"库兹涅茨和杨联陞两位教授截然不同的意见,勾起先生的思潮起伏。此书按库兹涅茨建议,不致一开头就难住读者,是其优点,但缺点是,这样重要而新颖又具现实意义的理论,放在书尾作为附录,确实难以引起读者重视;特别是最后一页的这个注解所表明的方法上的创新之处，原本是与本书的开头"分析方法述评"紧密联结在一起的，非常紧凑，后来却被生硬地分割成两处，首尾各不相连，这确是一个历史遗憾。

（二）"农业五大贡献"理论

书中比较系统地论证了农业与工业分别在农业国工业化过程中的地位、作用，以及在发展过程中互为条件和互相制约的动态关系。

本书的第二章，作者引用了当时最新的"垄断竞争理论"，较为全面而系统地论述了关于农业与工业的相互依存关系，以及农业对工业乃至对整个国民经济的"贡献"和"基础作用"，特别从粮食、原料、劳动力、市场、资金（包括外汇）五个方面，提出并阐明了农业对工业化，以及对整个国民经济发展的"重要作用"和"巨大贡献"，从而把农业看做工业化和国民经济发展的"基础"和"必要条件"。自后库兹涅茨教授于1961年发表了《经济增长与农业的贡献》一书，提出了农业部门对经济增长和发展所具有的几种"贡献"，即产品贡献（包括粮食和原料）、市场贡献、要素贡献（包括剩余资本和剩余劳动力），以及国内农业通过出口农产品而获取收入的贡献。迨至1984年，印度经济学家苏布拉塔·加塔克（Subrata Chatak）和肯·英格森（Ken Ingersent），在他们合作撰写的《农业与经济发展》一书的第三章"农业在经济发展中的作用"里，完全承袭了库氏的上述观点，并把它誉为"经典分析"。他们还把库氏没有明说的最后一条，定名为"外汇贡献"。这样，便形成了西方经济学中近年来常常引用的"农业四大贡献"。我们如果将库兹涅茨、加塔克和英格森三位学者的"四大贡献"中的"产品贡献"划分为"粮食贡献"和"原料贡献"，那么，就可以改称为"五大贡献"。有学者提出，这与20世纪40年代培刚先生所写的，也是库兹涅茨当年详细看过的这本《农业与工业化》英文底稿中所提出的"农业在五个方面的贡献"，内容几乎是完全一样的，只不过他们在有些部分运用了一些数量分析公式。库兹涅茨教授后来是诺贝尔经济学奖的获得者。

结　语

培刚先生属于中华民族饱受欺凌、历经磨难、力求生存和发展时代产生的一代知识分子。他从青少年时起，就始终以一颗爱国的赤子之心，深深地扎根于中国这块古老而肥沃的土壤之中；并以务实求真的态度、锲而不舍地寻求兴国济民之道。

当先生得知他的博士论文在哈佛获奖和出版的消息后，心情是欣慰的，并为之而产生一种自豪感。他觉得借此可以表明：中华民族不仅有辉煌灿烂的历史，而且时至今日，在文化上仍然与那些有优越感的任何民族，在其强项上，能并驾齐驱，一决高低。

我国老一辈经济学家陈岱孙教授，曾在我校为培刚先生八秩寿辰和从事科研教学六十周年志庆时，亲笔来函，其内容摘要如下：

> 我与张培刚同志论交已逾半世纪。培刚同志毕业于武汉大学经济系，于1940年考取了清华大学留美公费生。其时我任清华大学经济系教授，由于抗战随校迁昆明，在西南联合大学任教。清华旧例，对考取公费生者俱由学校指定导师，以备其关于选校及其他留学事宜咨询之用。我被指定为培刚同志的导师。我们的交谊就是这样开始的。
>
> 我想在此穿插进去一个故事。我是在1926年春在哈佛大学获得经济学博士学位的。我的博士论文的题目是《麻萨诸塞州地方政府开支和人口密度的关系》。也许当时对以繁琐的数学资料用统计分析的方法，对某一经济问题作实证探索的研究不甚多，我这篇论文颇得我的导师卜洛克（Charles J. Bullock）教授的称许。在我于1927年来清华任教的第三年忽然得到卜洛克教授一封信，略称他曾将我的论文推荐给"威尔士奖金委员会"参加评选，但可惜在最终决定时，奖金为我的同班爱德华·张伯伦（Elward H. Chamberlin）的《垄断竞争理论》（*Theory of*

Monopolistic Competiticn）博士论文所得，表示遗憾云云。张伯伦是 1927 年获得哈佛大学经济学博士学位的，但他论文的初稿已于 1925 年写成，并在一次哈佛大学经济系研究生的"西敏纳尔"会上向我们作过全面汇报。我听了之后，当时就认为他的论文中的观点，是对于传统的市场经济自由竞争完善性假定一理论的突破，是篇不可多得的论文。因此，我对于他这篇论文的获奖是心悦诚服的。

但当我后来得悉培刚同志的论文于 1947 年获得此奖时，我觉得十分高兴。高兴的是终于看到了有一个中国留学生跻身于哈佛大学经济系论文最高荣誉奖获得者的行列。培刚同志这本书于 1949 年由哈佛大学出版社出版后，复于 1969 年得到再版；1951 年，在墨西哥出版西班牙译文版；1984 年由国内华中工学院出版中文译版。其受到重视的原因是，它是为第二次世界大战后成为一新兴经济学科的"发展经济学"开先河的著作。

回想培刚先生回国以来的学术道路，可谓十分崎岖和坎坷。1946 年 8 月，他应周鲠生校长的聘请，从美国回到母校武汉大学担任经济系教授兼系主任。1948 年 1 月受聘赴联合国工作；1949 年 2 月，他毅然辞去联合国亚洲及远东经济委员会顾问及研究员职务，又婉言谢绝了两位导师布莱克和厄谢尔希望他回哈佛大学任教的邀约，再次回到珞珈山，继续在武汉大学任教。他怀着一颗赤诚爱国之心，满腔报国之情，两度回到祖国，可是在极"左"路线的指导下，又囿于一所多科性工学院，他却没有机会结合经济学专业从事教学和研究工作。这当中，包括近 10 年盖房子、搞基建等总务行政工作；逾 10 年的政治课教学工作（实际上在这段时间政治运动连绵未断，经常上山下乡从事体力劳动，改造"世界观"）；紧接着 10 年的"文化大革命"，受审查、挨批判，从事繁重的体力劳动。

他怀着报国富民的理想回到祖国，然而残酷的现实却使他报国无门。令人感慰的是，即使在那不堪回首的岁月里，国际经济学界却一直在寻找这位"哈佛名人"。从20世纪50年代、60年代以来，培刚先生不断接到来自英国、南美、印度和锡兰（后易名为斯里兰卡）等地的学者来函，要与他讨论农业国工业化的问题，更多的是询问他继续研究的新成果。1956年盛夏季节，两位智利大学教授，一下飞机就嚷着要见一位叫"Pei-Kang Chang"的学者。这可难住了几位外事工作人员，他们听成了"背钢枪"的学者，就四处打听。后经北京大学严云庚教授提示，才知道是武汉市华中工学院的张培刚。当两位教授与培刚先生见面后，首先就告知《农业与工业化》一书，已于1951年译成西班牙文，在墨西哥出版，并立即引起了南美学者的普遍关注。后又说明他们这次来访的目的，是想就该书所阐述的"工业化含义"和"国际贸易"等问题，与他进行讨论和交流。由此，培刚先生才知道自己多少年来已束之高阁的博士论文又在南美洲出版的消息。出于当时的历史背景，他正惶惶于阶级斗争的风浪里，又忙碌于砖瓦砂石、钢筋水泥的基建事务中，他只好含着深深的歉意，匆匆接待，两位外宾也带着不解的迷惑和失望而离去。更具讽刺意味的是，1969年，正值我国"文化大革命"进入"斗批改"高潮，培刚先生作为"反动学术权威"两次被抄家，这篇博士论文又作为他的"反动思想罪证"，正在挨斗争、受批判、写检查、作交代，可是这本书却又在美国再版。（*Agriculture and Industrialization* 一书74、75、94、207、214、217等页，画有黑线痕迹，乃"文化大革命"中作为"反动思想"被批判的重要部分。此次重印，未将这些黑线抹去，特留下作为历史见证。）

国际学术界一直在寻找"培刚·张"，而他的理论思想却在国内被淹没，他的名字已在中国学术界销声匿迹。《北京晚报》1989年2月23日第1版刊发黄一丁《珍视知识、科学、教育》一文。文中写道："我们反反复复提及那个曾经'被淹没的声音'，也就是一次次和祖国一起经受苦难的科学之声音。请回顾建国初期，马寅初的'新人口论'被批判，彭德怀反对'大跃进'的主张被压制;'文化大革命'初期,少数有识之士的苦口良言、冒死之谏被淹没的例子。40年代张培刚就写出的《农业与工业化》一书,被国际学术界认为是发展经济学开山之作。如果解放后中国领导人认真看看这类书,也会少犯错误,结果怎样?此人国际名望甚高,国内无人知晓。……我们愿在此向历史上一切被淹没的科学的声音表示衷心的敬仰。"流光易逝,年华似水。从他大学毕业后,近70个春秋,沧海桑田、风云变幻,给他造成了从35岁至65岁整整30年的空白时光,这是一段比金子还宝贵的时光!

改革开放后,整个国家形势已大有好转,但他毕竟在一所以工科为主的学校里,各项条件较之综合大学相差甚远,学术工作的开展可谓举步维艰、困难重重。他在漫长、寂寞而曲折的学术生涯中蹒跚前进,踽踽而行。20世纪80年代末90年代初,他为使发展经济学摆脱困境,倡议建立具有中国特色和其他发展中国家特色的新型发展经济学;他提出当今世界上尚有大多数农业国家或经济落后的国家和地区,还远未实现工业化和现代化,就发展经济学任务言,仍然是极具生命力,可以说方兴未艾,大有作为。但关键是要扩大研究范围,包括实行计划经济的发展中社会主义国家;同时还要改进研究方法,加深分析程度,不能单纯以经济论经济,而应结合各国或各地区的历史、政治、文化、教育等诸多方面进行综合考察,探根溯源。他更为介绍和引进西方发达国家有关市场经济学原理,尽其绵薄之力。1998年他被国家批准了博士点,也就是说,他才开始获得设立博士点,才开始获得招收博士生的资格,才开始成为博士生导师;斯年,张培刚先生已是85岁的高龄!

当培刚先生即将迈入九十高龄,我们特重印这本论文 *Agriculture and Industrialization*,作为纪念;并撰写此文,如实追述水之源、本之末的来龙和去脉,真实反映这位中国学者的学术生涯。这本著作也就是董辅礽所说的"在20世纪中叶的天空中划过的那一道炫目的亮光"。如今,它已是离我们将近六十个春秋的往事了。历史已翻开崭新的一页，世界的格局已发生深刻的变化。先进国家遇着新问题，中国正迈向工业化，还有一些发展中国家的人民仍在贫困和饥饿中挣扎。人文社会科学者的任务十分艰巨，任重而道远。民族要有国家，科学却无国界。耄耋之年的张培刚先生翘首以盼，在繁星点点的夜空中，闪烁着炫目亮光的中国之"新星"！

（原载《张培刚集》，华中科技大学出版社 2002 年版）

农业国工业化理论概述

20世纪40年代，我在《农业与工业化》（Agriculture and Industrialization）一书中所提出的"农业国工业化理论"，亦即后来新兴学科"发展经济学"的主题理论，可说是我的经济观的起点和核心，它同时也体现了我的市场经济观，因为全书的分析是以竞争和市场机制作为基础的。

我在书中提出了一个根本性的观点，那就是：农业国家或经济落后国家，要想实现经济起飞和经济发展，就必须全面（包括城市和农村）实行"工业化"。这和当时我国国内有些人主张的单纯"以农立国"论或"乡村建设"论，是大不相同的。

关于农业国家或经济落后国家如何实现"工业化"这个崭新而又重大的问题，我在书中提出了自成一个系统的一系列理论观点，其中许多方面都是我自己在国内外长期亲身从事调查研究和反复思考之后，首次提出来的。现在概括起来，重要的有下列诸端。

一 关于农业与工业的相互依存关系以及农业对工业乃至对整个国民经济的贡献和基础作用

我在该书中，曾设专章（第二章）详细讨论了这一问题。在该章前面三节中，我以农业与工业的"联系因素"为标题，分别通过粮食、原料、劳动力三者进行了分析。在紧接着的第四节里，我以"农民作为买者与卖者"为标题进行了分析，该节实际上是分析农民作为买者的农业生产要素市场,以及农民作为卖者的农产品市场。这里,我引用了当时新出现的"垄断竞争理论"和"寡头垄断理论",以说明农民在与城市工商业者进行交换时所处的不平等和不利地位。无疑,市场是城乡之间、工农业之间非常重要的"联系因素"。这种联系因素的功能,在四个方面体现了农业对工业化和整个国民经济的重要贡献和不可替代的基础作用。

更有进者,就农产品的出售而言,如果把农产品进行初步加工而后输出国外,则农业又将发挥为农业国的工业化积累资金的重大作用。我在该书第六章第一节"农业与中国的工业化"中,谈到农业在工业化中的作用,指出:"农业还可以通过输出农产品,帮助发动工业化。几十年来,桐油和茶叶等农产品曾在中国对外贸易中占据输出项目的第一位。这项输出显然是用于偿付一部分进口机器及其他制成品的债务。但全部输出额比起要有效地发动工业化所需要的巨额进口来,实嫌太小。"但不论怎样,为了支付工业化所需进口的机器设备,农业通过向国家纳税和输出农产品而形成的资金积累和外汇储存,当然是一条非常重要的途径。为了补充说明第二次世界大战后有关资本形成的新论点以及我国在社会主义体制下的新情况,我特地在该书中译本的扩大版[即《发展经济学通论(第一卷):农业国工业化问题》,湖南出版社1991年版]第二章里加上了一节,题为"农业对工业化提供资金积累的作用"。

由上可知早在20世纪40年代,我在该书里,就已经比较全面而系统地从粮食、原料、劳动力、市场、资金(包括外汇)5个方面,提出并阐明了农业对工业化以及对整个国民经济发展的重要作用和巨大贡献。基于这种认识,我当时已经把农业看做工业化和国民经济发展的基础和必要条件。

之后美国经济学家、诺贝尔经济学奖获得者西蒙·库兹涅茨(Simon Kuznets)曾在1961年出版的《经济增长与农业的贡献》一书中,提出了农业部门对经济增长和发展所具有的几种"贡献",即产品贡献(包括粮食和原料)、市场贡献、要素贡献(包括剩余资本和剩余劳动力),以及国内农业通过出口农产品而获取收入的贡献。1984 年,印度经济学家苏布拉塔·加塔克(Subrata Chatak)和肯·英格森(Ken lngersent)在他们合写的《农业与经济发展》一书的第三章"农业在经济发展中的作用"里,完全承袭了库兹涅茨的上述说法,并把它誉为"经典分析"。他们还把库兹涅茨没有明确说出的最后一条,定名为"外汇贡献"(见两人合写的《农业与经济发展》,英文本 1984 年版,中译本,华夏出版社 1987 年版,第三章,第 26—76 页)。这样,便形成了西方发展经济学中近年来常常引用的所谓"农业四大贡献"。

如果将库兹涅茨以及加塔克、英格森这三位学者所说的"农业四大贡献"中的"产品贡献"划分为"粮食贡献"和"原料贡献",那么"四大贡献"就可以改称为"五大贡献"。我们只要稍加考察,就会发现他们所说的"农业四大贡献",同我早在 20 世纪 40 年代写成出版的这本书中所提出的"农业在五个方面的贡献",几乎是完全一样的,只是他们在有些部分运用了一些数量分析公式。

二 关于我的"工业化"定义和含义
——包括农业的现代化和农村的工业化

我在该书里,曾专设第三章探讨自己初步形成的"工业化理论",特别提出了自己关于"工业化"的定义或含义。我在 20 世纪 40 年代出版的英文书里,把"工业化"定义为"一系列基要的生产函数连续发生变化的过程"。近年在该书中译本的扩大版[即《发展经济学通论(第一卷):农业国工业化问题》,湖南出版社 1991 年版]里,为了更为完善和比较通俗易懂,我把"工业化"的定义增改为:"国民经济中一系列基要生产函数,或生产要素组合方式,连续发生由低级到高级的突破性变化的过程。"

早在多年前我就说过,我关于"工业化"的这个定义是试用性的,但它比其他学者所用的定义或解释要广泛得多,因为它"不仅包括工业本身的机械化和现代化,而且也包括农业的机械化和现代化"。这里我还要连带指出,正如前面已经提到过的,早在20世纪30年代初,我就在《第三条路走得通吗?》一文中说过,"工业化一语含义甚广,我们要做到工业化,不但要建设工业化的城市,而且也要建设工业化的农村"。正由于此,我认为我关于"工业化"的这个定义,能够防止和克服那些惯常把"工业化"理解为只是单纯地发展制造工业,而不顾及甚至牺牲农业的观点和做法的片面性。这种对"工业化"的片面理解,至今仍然存在于许多实行市场经济的发展中国家,即使在过去实行计划经济体制的苏联也曾长期存在,大大约束了农业和整个国民经济的发展。我国过去在采取集中计划经济体制时,曾一度全面仿效苏联模式,虽然后来提出了"农业为基础",但是长期以来,从思想到具体的政策措施上仍然是强调发展制造工业,而忽视或者说不够重视发展农业。这种情况直到最近才开始有了好转,我国有关决策者才开始真正认识到突出发展农业的重要性,并着手制定出相应的政策措施。

第二次世界大战后二三十年来,西方发展经济学界对于"工业化"一直采用了传统的比较狭隘的概念,往往以为实行"工业化"就是单纯地发展制造工业,而不顾及或不重视发展农业,把实行工业化与发展农业看做相互对立的,认为两者不能同时进行。这个问题长期未得到解决。值得注意的是,美国经济学家杰拉尔德·M.迈耶(Gerald M. Meier)在其主编的《经济发展的主要问题》一书的第4版(1984年)以及第5版(1989年)中,特地在"工业化战略"这一章的开头,加上了非常重要的一段话,指出近年来许多发展中国家正在对"工业化"的作用,以及"工业化"与农业发展的关系,重新进行认识和评价。他写道:"这一章(指"工业化战略")应当和下一章'农业战略'结合起来阅读。因为一个发展规划不能只着重工业而牺牲农业的发展。虽然许多欠发达国家在它们起初的发展计划中,都集中于深思熟虑的工业化,但现在却正在对工业化的作用重新进行认识和评价。这不是把资源集中于发展工业或发展农业——好像是'二者必居其一'的问题,倒是人们开始认识到,农业与工业的相互扶持的行动应该受到首要的注重。"① 可见近些年来,国际经济学界一些研究发展经济学的作者,对"工业化"的含义以及对实行工业化与发展农业的关系,开始有了新的认识;而这种认识和看法,与上述我在多年前就已经多次提出的观点,是渐趋接近了。

三 关于基础设施和基础工业的"先行官"作用

在我对"工业化"的上述定义里,不仅包括了农业的现代化和农村的工业化,而且还强调了基础设施和基础工业的重要性和它们的"先行官"作用。我在多年前出版的该书里解释"工业化"的含义时,曾经着重指出:"从已经工业化的各国经验看来,我说的这种基要生产函数的变化,最好是用交通运输、动力工业、机械工业、钢铁工业诸部门来说明。"我还特别强调交通运输和能源动力这样一类基础设施和基础工业的重要性,并把它们称为工业化的"先行官"。我的这一观点,在长达将近半个世纪的时间,已经多次得到了实例的印证。就第二次世界大战后工业化成效比较显著的亚洲"四小龙"来说,20世纪60年代以来,它们都耗费了巨额投资来大力改善海、陆、空交通运输和水、电、气、通信等基础设施,以满足发展生产和改善人民生活的需要。在具体做法上,我国台湾地区和韩国大体采取平衡发展的模式,基础设施建设和生产发展同步推进;而新加坡和我国香港地区则采取基础设施先行的不平衡发展的做法。② 我国自1949年新体制建立以来,对基础设施建设的重要性虽然有所认识,但在实际上仍然重视不够,一度还忽视了能源、

---

① 杰拉尔德·M. 迈耶:《经济发展的主要问题》,英文版,牛津大学出版社1984年第4版,第357页;1989年第5版,第277页。

② 参见巫宁耕《亚洲"四小龙"的致富之路》,机械工业出版社1988年版,第98—104页。

交通对启动和促进工业化的重要作用，以致在工业化过程中出现了许多"瓶颈"问题和难关。据考察，中国运输业的产值在社会总产值中的比重：1952年为3.5%，到了1988年却下降为2.8%。而同一时期，工业的产值在社会总产值中的比重则由34.4%上升为59.0%。这说明我国交通运输供需失衡由来已久，情况相当紧迫。反观世界各国，经济发达国家如美国、联邦德国、日本等，其运输通信业的产值在国民生产总值中的比重，近20年为6%—8%；即使发展中国家如印度、巴西亦大约为5%。这一比较结果更说明了我国交通运输业的落后。其影响所及，自然是宏观经济领域的巨大浪费，以及对国民经济的持续发展的巨大阻碍。[①] 至于交通运输、通信设施之发达与否，直接关系着市场经济之兴衰，则更不待言。

近年我国经济决策者已经逐渐积累起经验，提高了认识，开始制定和采取有关措施，以期扭转这个局面。我国制定的"十年规划"和"八五计划"，已经确定把农业、基础工业和基础设施的建设作为今后经济发展的重点。1992年10月召开的党的十四大和1993年3月召开的八届全国人大一次会议，也都先后提出并决定要高度重视农业，加快发展基础工业和基础设施。我们认为，尽管这些基础建设耗资巨大，但只要中央和地方政府采取有力措施，就仍然可以期望不久将会取得相当成效。

四　关于工业化的发动因素与限制因素

多年前，我在该书第三章第二节中，曾经进行过长期的思考和研究，提出下列五种发动和定型工业化进程最重要的因素：

（1）人口——数量、组成及地理分布；

（2）资源或物力——种类、数量及地理分布；

---

① 参见桑恒康《中国的交通运输问题》，北京航空航天大学出版社1991年版，第45—48页。

（3）社会制度——人的和物的要素所有权的分配；

（4）生产技术（Technology）——着重于发明的应用，至于科学、教育及社会组织的各种情况，则未包括在当时的讨论范围内；

（5）企业家的创新管理才能（Entrepreneur Ship）——改变已有的生产函数或应用新的生产函数，也就是改变已有的生产要素的组合或应用新的生产要素的组合。

当时我就认为，这五种因素是发动并制约工业化进程最重要的因素。但是鉴于它们的性质和影响各不相同，我又把它们归纳为两大类：

一类是工业化的发动因素，包括 a. 企业家的创新精神和管理才能；b. 生产技术。

另一类是工业化的限制因素，包括 a. 资源；b. 人口。当然，这种划分也只能是相对的。

至于社会制度，我当时就认为，它既是发动因素，又是限制因素。同一种社会制度，在一定时期，对于某些国家或地区的工业化，可能主要起发动作用，而对于另一些国家或地区，则可能主要起限制作用。即使对于同一个国家或地区，同一种社会制度也可能在一个时期主要起发动作用，而在另一个时期则主要起限制作用。究竟如何判断，我当时就认为，要依时间、地点等主客观条件而定。为此，我在分析中特地把社会制度这一因素看做"给定的"，未做具体论述，从而就大大拓宽了我当时的分析和论点的应用范围，也因此保证了它的持久力。

五 关于工业化对农业生产和对农村剩余劳动力的影响

在 20 世纪 40 年代以英文出版的该书中，我曾用两章（全书共六章）的篇幅，分别探讨了工业化对于农业生产的影响，以及工业化对于农业劳动，特别是农村剩余劳动力的影响。这就是后来发展经济学中惯常论及的产业结构的转换和调整问题，以及农村剩余劳动力的流动和吸收问题。这两方面的问题能否得到妥善解决，在很大程度上牵涉工业化的成功与失败，因而至关重要。

关于工业化对于农业生产的影响，我在该书第四章中提出下述几个论点：

第一，我认为，工业的发展与农业的改革或改进是相互影响的，但两者相互影响的程度绝不相同。比如就西方发达国家来说，在"产业革命"以前的一段时期里，最先是由于海内外市场的兴起和扩展，农业改革曾经比较显著地促进了工商业的发展。近代史上的"圈地运动"和农场兼并的最终结果，是将劳动力和动力资源置于工业支配之下，这就使现代工厂制度的发展成为可能。但产业革命以后，情况则大不相同，工业发展对农业的影响显然大于农业对工业的影响。如果没有制造农用机器的工业来供给必要的工具，则农业机械化是无从发生的；如果没有铁路化、摩托化（Motorization）和使用钢制船舶所形成的现代运输系统，以及可以消毒和冷藏的现代储藏设备，则大规模的农业生产与大量的农产品加工和输出至海外是不可能实现的。

第二次世界大战后兴起的亚洲"四小龙"的工业化经验，也证实了我的上述观点。一般来说，在经济"起飞"以前，我国台湾地区和韩国的农业生产和农产品出口，为它们各自的工业化起步所作的贡献是相当大的；迨至工业化进展到一定阶段，现代工业的各方面对农业的改良和农村的现代化所起的促进作用就更加显著。我国的工业化进程虽然经历了曲折，但也显示了这种"先以农支工，然后以工促农"的总趋势。

第二，我又认为，当工业化进入到相当成熟的阶段时，如果让市场规律继续起作用，那么就必然会引起农业生产结构的变动，也就是我在该书中所说的"农作方式的重新定向"。这是因为，在工业化进程中，人们的收入将随着生产的发展而逐渐增加，这时，由于"需求的收入弹性"的作用，人们和社会的有效需求必然会发生显著变化。这首先将会表现在衣、食、住、行方面，特别是衣、食方面吃饱穿暖以及进一步吃好穿好。就食物来说，随着家庭收入的增加，吃粗粮的将改吃细粮，或者少吃一点米、面、杂粮，多吃一点鱼、肉、蛋和水果，这就必然会导致畜养业和水果种植业的发展。人们对衣着的改进，除了促进人造纤维制造业的发展外，还必然会导致种棉、养蚕、牧羊诸业的兴旺。此外，农产品出口所依赖的种植业和加工业当然就会乘机兴起。

第三，我还认为，随着工业化的发展，农产品市场得以扩张，农业生产技术得以改进，农业生产的总产量和亩产量必然会增加，农业生产规模亦必然会有所扩大。但由于下述原因，农业生产的增长速度必然较制造工业的增长速度慢。

原因之一，农业不同于其他产业，它是与自然界紧紧相连的。作为农业耕作的重要生产要素之一的土地，是一种自然禀赋。虽然可以通过精耕细作、不断投入资本来提高土地的肥力，但毕竟土地的总供给量是固定的，且由于其他用途的占有，农耕土地还有逐渐减少的倾向，这当然会制约农业生产在规模上和产量上的扩张。

原因之二，农业生产无论是种植业还是畜养业，都是一种"生长"（Growing）产业，与"加工"（Processing）或"制造"（Manufacturing）大不相同，受自然规律或生物学规律之制约甚为显著。这些制约会在很大程度上影响农业生产的增长速度。

原因之三，如前所述，农产品的"需求收入弹性"远较工业品为低，换言之，随着工业化的发展，人们的收入将会增加；但从长远来看，人们将会把较多的收入用于购买和享用城市工业的产品和劳务，而把较少的收入用于粮食以及其他以农产品为原料的工业产品。

正由于此，尽管随着工业化的发展，农业生产在绝对数量上和规模上史无前例地不断扩张了，但农业生产总值在国民生产总值中所占的比重却下降了。我们必须注意，这并不是说农业在国民经济中的重要性有所降低，而只是表明在工业化的进程中，农业的扩张率比起别的生产部门特别是制造工业的部门，要相对低而已。

关于工业对农村劳动力的影响，我在该书第五章中曾做过详细的探讨。这里，我只想概述三点：

第一，当工业化发展到一定阶段时，农业或农村的剩余劳动力就将受城市的吸引而转移到城市工业或其他行业。当然，这样的劳动力转移是以市场机制的作用为基础或前提的。我还提到，农村剩余劳动力向城市的转移，受到两方面的作用：一方面为城市工业或其他行业"拉"（Pull）的作用；另一方面为农业或农村"推"（Push）的作用。据书中所引用的一些发达国家的工业化经验，"拉"和"推"这两种力量总是在一起发生作用的，要区分哪些农村劳动者是被"拉"到城市，哪些是被"推"到城市，颇为困难。据考察，这种转移发生于旺年者较之淡年或萧条时为多。

第二，根据我在该书中所述的发达国家的经验，我认为，随着工业化的发展，最先能被城市现代工业所吸收的劳动力，将是城市的手工业者或工场劳动者。这是因为一来"近水楼台先得月"；二来这些劳动者多少有点新技术。然后能被城市吸收的将是乡村的手工业者，最后能被城市吸收的才是农业劳动者。就大多数发达国家来说，农村剩余劳动力向城市的这种转移，是相当缓慢而艰辛的。当时我特别提到在中国迟早要实行工业化，也必然会发生农村"剩余"劳动力（我当时称之为"隐蔽失业"———Disguised Unemployment）向城市转移的问题。我认为，由于中国农村人口特别庞大且产业生产技术十分落后，这种劳动力转移必然会更加缓慢和艰难。

第三，我在该书中指出，根据西方发达国家的经验，当工业化进行到比较高的阶段时，农业的改进与农业的机械化过程就会相应发生，像以大规模农场经营为特点的美国尤其是这样。但当时我就认为，像在中国这样的农业国家，农村剩余劳动力数量庞大，农村劳动力的价格远比机器为低，农耕操作历来以人力、畜力为主，因而即使工业化达到一定程度，此种情况恐怕也将难以改变。这是因为，当劳动力价格低于机器时，应用机器是极其困难的，所以当时我就认为，就中国而言，尽管我非常向往在农田耕作中应用机器，以减轻中国农民繁重而又艰苦的农活负担，但由于上述原因，加上农田地势和农场规模的限制，在中国实行农业机械化的前景，在短期内是不容乐观的。具体而言，抽水机和脱粒机等小型机器尚有一定的应用范围，至于拖拉机等大型机器的应用，则在当前仍甚为困难。

综上所述，我当时还指出：就一个农业国家或欠发达国家来说，随着工业化进展到较高阶段，农业生产的绝对数量虽然将继续增加，其经营规模亦将有所扩大，但其农业生产总值在整个国民生产总值中所占的比重则必然将逐渐降低；同样，其农业劳动者人数，亦可能由于农村剩余劳动力逐渐向城市或其他方面转移，而在绝对数量上有所减少，在占全国就业总人数的比重上也有所降低。一个农业国家或欠发达国家，只有当工业化发展到相当高的阶段，农业生产总值占国民生产总值的比重，由原来的 2/3 甚至 3/4 以上，降低到 1/3 甚至 1/4 以下，同时农业劳动者总人数占全国就业总人数的比重，也由原来的 2/3 甚至 3/4 以上，降低到 1/3 甚至 1/4 以下时，这个国家才算实现了工业化，成为"工业化国家"。当时我还特别提请注意，只有当这两方面的比重都降低到此种程度时，才算达到了工业化的标准，二者缺一不可。

六 关于工业化过程中利用外资和开展对外贸易的问题

早在多年前，我就在该书第六章"农业国的工业化"里，专门探讨了农业国家或欠发达国家在工业化过程中利用外资的问题，以及它们与工业国家或发达国家的贸易条件和各自的相对优势地位的问题。

关于在工业化过程中应否和如何利用外资，我在该书中分析了有关发达国家在工业化过程中的情况和经验之后，着重研究了中国的问题。我当时指出：根据估计，1942 年中国的现代工业资本总数不过38亿元，如果以中国现在（指当时）4.5亿人口做基础来加以计算，则每人分得的资本额尚不足9元，或2.7美元。这个数额即使作为中国第二次世界大战后中等程度工业化的基础，也显然是不够的。中国人民的小额储蓄，使它在最近的将来没有积累起大量本国资本的希望；而中国人民的生活水平已经太低，亦无法再加以减削。鉴于这两方面的情形，为了加速工业化，在维护政治独立的情况下，利用外国资本这种方式是值得极力推崇的。这对于借贷两国也将是有利的。

关于农业国在工业化过程中与工业国的贸易条件及各自的相对优势地位，我在该书第六章第三节中写道："农业国和工业国贸易条件的相对利益，首先须看所交换的是何种产品。总的来说，农业国是处于相对不利的地位，因为国外对它们的产品的需要，一般是较少弹性的。"

当时我还看出古典学派和新古典学派传统经济学在这方面的理论存在一些欠缺或不足之处，需要加以修改和补充，所以我接着在上引章节中指出：第一，它们忽略了收入的影响。在工业化过程中，人民的收入将上升到较高的水平。凡是需求弹性较大的产品，在扩张经济中（亦即在工业化过程中）必将获得较大的利益。据此，工业制造品较之农产品，一般均有较大的利益。第二，它们没有对供给弹性和生产调整的弹性加以考虑。我们要认清，国内的生产弹性愈大，则输出国外的收益愈大。就这点而言，工业制造品一般也是处于比较有利的地位的。因此，我们可以说，在变动经济（工业化过程）里，农产品比起工业品来说总是在对外贸易中处于相对不利的地位。

上述我早在20世纪40年代关于农业国与工业国的贸易分析中所应用的"需求的收入弹性理论"，之后在国际经济学界得到了进一步的运用和发挥，并以不同的方式演进为诸如"不平等交换""中心—外围说""依附论"等学说的一种理论依据。

以上是我的"农业国工业化理论"的轮廓和主要论点，也是我早期形成而现在仍然奉行的经济观,还可以说,是我为了使我国走向繁荣富强而终生追求的宏伟目标。

这里我还要特别指出,我的上述理论是以市场机制为基础的,所以它也体现了我早期形成的市场经济观。这可以概括地从下述几个方面看出来:

第一,我在多年前写成的《农业与工业化》一书虽然有意撇开了社会制度的属性,但全书的分析是以竞争和市场机制为基础的。具体而言,书中以供求关系和市场价格作为导向,来决定整个社会的资源配置,也就是决定整个社会物的和人的生产要素的组合及其变动。我在书中把"工业化"定义为一系列基要的生产函数,或通俗言之,一系列基要的生产要素的组合由低级到高级的变化,包含竞争和市场机制在这方面所产生的重大作用(详见该书第三章)。

第二,在该书中,关于农业市场,即农民作为卖者的市场(农产品市场),我曾在分析中比较系统地运用了当时新问世的"垄断竞争理论"和"不完全竞争理论"。这当然是一种开创性的尝试,但同时也说明我当时是很重视市场机制在不同领域中的功能的,不仅注意到市场机制在工业品和城市市场上的作用,而且特别注意到往往被忽视了的市场机制在农产品和乡村市场上的作用。这里要指出的是,我们早已知道,古典学派及其以后的新古典学派的经济学者,几乎毫无例外的,都是根据自由竞争和完全竞争(Perfect Competition)的假定来进行分析的。直到 20 世纪 30 年代,尤其是自从 1933 年英国的罗宾逊夫人(Joan Robinson)和美国的张伯伦教授(Edward H. Chamberlin)的著作(几乎是同时)发表以来,不完全竞争(Imperfect Competition)和垄断竞争(Monopolistic Competition)的理论才逐渐为人所重视。但是必须注意,当时经济学界一般仍然假定,不完全竞争和垄断竞争只存在于工业市场(工业品市场),而在农业市场(农产品市场),则很久以来就存在完全竞争或近于完全竞争的形态。但是针对这种看法,我在多年前写成出版的英文版《农业与工业化》一书中就指出,只要"我们进一步探究实事,就会认清,说完全竞争流行于农业市场（农产品市场）的假定，是怎样的不合乎实际情形。这种假定不仅在现代资本主义社会不合乎现实情形，即使在工业化尚未开始的社会，也不合乎实际情形"（详见该书第二章第四节）。经过一番分析说理之后，接着我又指出："因此，我们可以得到一个结论，就是在农业市场上也流行着不完全竞争或'买方垄断性'竞争（Monopsonistic Competition），后者是包括买方双头垄断（Duopsony）和买方寡头垄断（Oligopsony）并且更适宜于表明买方垄断因素的一个名词。"

第三，我早在"农业国工业化理论"的分析中，就非常强调"企业家创新精神和管理才能"，把它和"生产技术"并列，作为农业国家或经济落后国家实现工业化，或实现经济起飞和经济发展，所必须具备的最重要的发动因素。正如当时我在该书第三章中所说的，企业家的职能，包括企业家的创新精神和管理才能，就体现于能够实现新的生产要素组合，并使其进入优化的境地。而要达到这样的目标，就要求整个经济社会具有自由竞争和市场机制能够充分起作用的环境，在那里人的生产要素和物的生产要素都有移动和流动的自由，从而企业家能在国家的宏观管理下，以市场需求和价格变动为导向，不断引进新的生产技术和新的生产组织，实现新的生产要素组合，使各类生产要素都能充分发挥各自的作用，人尽其才，物尽其用，地尽其利，达到资源配置的优化。显然，这只有在市场经济体制下，才有可能实现。

但是同时我们必须注意，在计划经济体制下，企业家的这种职能，企业家的创新精神和管理才能，则不可能得到发挥，更谈不上充分发挥。因为在中央集权的计划经济体制下，由于国家的直接干预和控制，所谓的"企业家"也只能按政府的指令行事，其创新精神和管理才能经常受到抑制、阻碍、扼杀，难以发挥。从半个世纪的中外历史经验来看，我们甚至可以说，在计划经济体制下，没有也不可能有真正的企业家产生和成长，更谈不上发挥其创新精神和才能了。这种条件下的企业主管者，在性质上更多的只是政府官员，而不是企业家。

第四,在该书第六章里,我还分析了农业国家在工业化过程中的对外关系,即国际资本移动和国际贸易(商品移动)方面的问题。

当时我强调了农业国家在维护政治独立的条件下利用外资的好处,以及在农业国与工业国的贸易中农业国和农产品所处的相对不利的地位。不用说,这些分析都是以国际的竞争和市场关系作为基础的。

七　关于工业化过程中特别需要加以探讨的几个理论问题①

该书是理论的探讨,同时也是经验的和历史的研究,它的目的是分析工业化过程中农业与工业之间的调整问题。它着重于研讨农业的调整,以及农业对于这个特殊的经济转变阶段的种种变化的适应过程。

有几个问题是该书要特别加以探讨的,并且将成为该书分析的主题。这些问题是:

(1)工业发展对于农业改革是必要条件还是充分条件?或者相反,农业改革对于工业发展是必要条件还是充分条件?为了回答这个问题,我们对于一般工业化的过程以及影响这种过程的基本因素,必须加以研究;对于农业与工业的相互依存关系,必须加以分析;并且对于工业与农业发展时的相互影响,亦须予以讨论。

(2)在一个国家内,农业与工业之间能否维持一种平衡(Balance)?如果可能,那么其情形究竟如何?如果不可能,那么其原因又安在?除此而外,是否尚有其他途径可循?这些都是学经济的人常常提出的问题。不过我们首先应该指出,一般人对"平衡"一词的含义,每每模糊不清。一方面,如果我们认为平衡只是一种静态的均衡(Static Equilibrium),那么显而易见,在工业化这样的演进

---

① 本节摘自张培刚《农业与工业化》一书的导论部分,题目是编者加的,并在个别词句上做了调整。

过程中，农业与工业之间必无这种平衡可言；另一方面，如果我们认为平衡是指农业与工业之间的某种变动关系，那又使这个名词失去了原意。在研究了工业发展对于农业的影响之后，我们才能较容易地解答这些问题，才好判断这些问题在根本上是否能成立。

（3）在农业国与工业国之间能否维持和谐及互利的关系？如果一个农业国家开始了工业化，那么这对于已经高度工业化了的国家又可能有何种影响？要回答这些问题，必须研究农业国与工业国之间的贸易及资本移动的情况。

（4）将以上所提出的错综复杂的情形弄清楚了以后，对于中国这样一个农业国家，在它的工业化过程中，最可能遇到的特别迫切的问题，尤其是关于农业与工业的相互关系的问题，究竟是哪一些？这些问题必将引发大家的研究兴趣。该书对于这些问题自然只能做一初步的分析。

中国现在处于历史上的一个重要阶段，在未来几十年内工业化过程很可能要加速进行。从事这项研究，本意原在使其适用于中国。不过全书讨论的原则和方法，仍可应用于任何处在工业化过程中的农业国家。

参考文献

张培刚：《农业与工业化》，中国人民大学出版社 2014 年版。

张培刚：《新发展经济学与社会主义市场经济》，江苏人民出版社 1994 年版。

（原载《开发性金融研究》2015 年第 1 期）

编选者手记

《经济所人文库——张培刚集》主要编选了张培刚在20世纪30—40年代撰写的农村经济领域的部分著述。

20世纪20—30年代，在振兴农村经济方面，学界有复兴农村、先工后农、发展工业等多种观点。针对郑林庄主张的开办农村工业为中国经济出路的设想，张培刚在《第三条路走得通吗?》中指出，把农村工业当为中国经济建设的路径，不但在理论上近乎开倒车，在事实上也是行不通的。

华北战区救济委员会农赈组自1933年10月至1934年5月对冀北察东遵化、迁安、密云、蓟县、宣化、怀来、延庆等33县农村状况进行了调查，张培刚利用这次调查的资料撰写了《冀北察东三十三县农村概况调查》，介绍了33县农村的人口、土地、农作物、自耕农、佃农、自兼佃农、雇农工资、借贷利率、兵差等情况。

在《近年来的灾荒》一文中，张培刚认为，除外国经济的压迫以及自然因素外，造成灾荒的部分原因是人为因素，包括农业技术落后、水利设施失修、兵匪扰乱等方面。张培刚建议，通过建设水利系统、农业技术、推广造林运动、普及农业化学等措施预防灾害。

20世纪20年代末，受世界经济危机、持续性内战及自然灾害等因素的影响，中国农村陷入更加严峻的经济危机，表现之一是资金短缺。20世纪30年代前期，资金严重积压的部分商业银行陆续在农村地区办理农村贷款。《一年来农村金融的调剂工作》考察了农村合作社、农民银行、农业仓库等农村金融调剂机构在1933—1934年的发展情况。

20世纪30年代，农村经济危机受到社会各界关注。为此，1933年5月南京国民政府成立了农村复兴委员会。复兴农村经济的前提是了解农村经济形势，1934年巫宝三在第31卷第11号《东方杂志》上发表了《民国二十二年的中国农业经济》。张培刚接续发表了《民国二十三年的中国农业经济》《民国二十四年的中国农业经济》《民国二十五年的中国农业经济》，揭示了当时中国农村经济状况。

面对当时农村经济的崩溃，张培刚在《中国农村经济的回顾与前瞻》中指出，农村经济的复兴不是短期能达到的，复兴的道路不能依靠零碎的改进运动，而是需要依赖整个经济政策的变革与实施。张培刚在《我国农民生活程度的低落》中分析了当时农民生活水平下降的趋势。

20世纪40年代末，中国面临通货膨胀。时任美国国务卿马歇尔（George C. Marshall）宣称：由于中国80%的人口为农民，所以通货膨胀对中国不会产生重大影响。张培刚在《通货膨胀下的农业和农民》中指出，通货膨胀影响大小与职业人口的比例没有必然的联系。

自19世纪末20世纪初开始，经济学说在中国有了较为系统的传播。20世纪三四十年代，经济学本土化探索而产生的著述陆续开花、结果，巫宝三等人合作的《中国国民所得（一九三三年）》、张培刚的博士论文《农业与工业化》是其中重要的代表作品。张培刚的博士论文《农业与工业化》是一部探讨贫穷落后的农业国家如何转变为民富国强的工业国家的专著。他曾说："读书使我获得知识，但是，如果没有我青年时期在农村的亲身经历和生活感受，没有我大学毕业后走遍国内数省，先后六年的实地调查，特别是如果没有一颗始终炽热的爱国之心，我是写不出这篇博士论文的。"《〈农业与工业化〉的来龙去脉》介绍了《农业与工业化》一书的写作缘由与经过，以及张培刚在中央研究院社会科学研究所时期从事的调查研究工作、在哈佛大学留学期间的学习情况。《农业国工业化理论概述》对于了解张培刚在20世纪40年代提出的农业国家或经济落后国家实现工业化的理论具有参考价值。

  在《经济所人文库——张培刚集》的编选过程中，获得了张培刚先生的夫人谭慧女士的支持，还得到了徐长生教授、张建华教授、李天华教授、吴传清教授以及张培刚发展经济学研究基金会的帮助。种种承情，编者谨此向他们表达谢忱。

缪德刚

2019 年 12 月

《经济所人文库》第二辑总目(25种)

(按作者出生年月排序)

《汤象龙集》　《李伯重集》
《张培刚集》　《陈其广集》
《彭泽益集》　《朱荫贵集》
《方　行集》　《徐建青集》
《朱家桢集》　《陈争平集》
《唐宗焜集》　《左大培集》
《李成勋集》　《刘小玄集》
《刘克祥集》　《王　诚集》
《张曙光集》　《魏明孔集》
《江太新集》　《叶　坦集》
《李根蟠集》　《胡家勇集》
《林　刚集》　《杨春学集》
《史志宏集》